从零开始学

股市技术分析

大全

刘益杰◎编著

中国铁道出版社有限公司

CHINA RAILWAY PUBLISHING HOUSE CO., LTD.

内 容 简 介

　　本书以通俗易懂的方式，全面地讲解了投资者涉足股市需要了解和掌握的股票技术知识及操作技能。全书共 8 章，包括 102 项知识点，其具体内容包括：通过分时图抓住买卖点、K 线的多种分析方法、解读量价的多种形态及各自预示的意义、通过波浪理论掌握市场行为、准确运用技术指标找准操作策略、庄家行为的解读等。通过对本书内容的学习，投资者可在短时间内系统地学习入市需要了解和掌握的各项技术知识，从而达到快速投身股市赚钱的目的。

　　本书特别适合准备入市或者刚刚入市的新股民、股票投资爱好者，也可作为大中专院校或者企业的股市入门培训教材，同时对有一定炒股经验的用户也有较高的参考价值。

图书在版编目（CIP）数据

从零开始学股市技术分析大全：图解实战版 / 刘益杰编著 . —北京：中国铁道出版社有限公司，2019.9

　ISBN 978-7-113-26048-4

　Ⅰ．①从… Ⅱ．①刘… Ⅲ．①股票投资－基本知识Ⅳ．① F830.91

　中国版本图书馆 CIP 数据核字（2019）第 140042 号

书　　名：**从零开始学股市技术分析大全**（图解实战版）
作　　者：刘益杰

责任编辑：张亚慧		读者热线电话：010-63560056	
责任印制：赵星辰		封面设计：MXK DESIGN STUDIO	

出版发行：中国铁道出版社有限公司（100054，北京市西城区右安门西街 8 号）
印　　刷：北京鑫正大印刷有限公司
版　　次：2019 年 9 月第 1 版　2019 年 9 月第 1 次印刷
开　　本：700mm×1000mm　1/16　**印张：**16　**字数：**234 千
书　　号：ISBN 978-7-113-26048-4
定　　价：55.00 元

前言
PREFACE

股票投资绝不是一件轻松惬意的事情，成功与失败会经常地交替出现在投资者的投资生涯中。因此，除了具备一定的资金和心理素质以外，在实际的投资活动中更是需要运用大量的操作策略与技术。

在投资领域，特别是在股市投资中，很多前辈曾提出过无数的策略与技术，解读这些策略与技术，可以帮助投资者在股市中更好地进行风险把控。

对于投资者而言，所有的投资活动都要关注两个基本方面：如何发现机会与如何把控风险。在股市中，每个交易日都会有无数的投资机会等待投资者去参与，但是风险同样无处不在、防不胜防。在投资活动中，对于市场的机会则着重于寻找与把握，对于市场风险重在控制而不是防范。

本书讨论的重点是股票投资的策略与技术，希望通过学习和研究，提升投资人的实战水准、思路与技巧，唯有如此才有希望凭借市场的力量达到盈利的根本目标。

本书内容

本书总共8章内容，主要从基础知识、多种投资分析方法以及解读庄家行为3个方面，对股市投资分析在实战中的具体应用进行讲解，具体内容安排如下表所示。

部分	内容介绍
基础知识（第1章）	主要介绍了学习技术分析的必备前提、技术分析的基础和常见的技术分析基础原始数据等内容，可让零基础的股民快速了解技术分析的基本内容
多种投资分析方法（第2~7章）	主要介绍了对分时图的解读、K线释放的短线买卖机会、K线形态的操作时点、量价关系释放的买卖信号、利用波浪理论掌握市场行为以及对技术指标的介绍等。在本部分内容中，运用了大量的实战案例，对投资方法进行深度解读与应用分析，可以帮助投资者快速地掌握这些方法
解读庄家行为（第8章）	主要介绍了股市中的大拿——庄家，并对庄家的行为进行了多方位的解读，帮助投资者可以更好地对庄家行为进行分析

本书特点

知识全面，介绍多种投资方法

本书介绍了多种投资方法，并且针对每个投资方法都有比较深入的解读与分析，让零基础的新股民可以快速了解炒股技术的操盘精髓，并学会在实战操盘中进行具体应用。

典型案例，实战解析易理解

本书在介绍投资方法的过程中，为了帮助学习者理解，在每个投资方法后面列举了比较典型的案例，以最近的行情数据为基础，进行深入分析，帮助读者对知识点进行快速把握，也方便读者加深对知识点的理解与认识。

图文结合，简化理解学得快

为了方便读者快速掌握知识点，本书在内容中加入了大量的图表、图形和图示，力求以最直观的方式向读者展示知识点，帮助读者建立更简单清晰的知识脉络。

小单元有针对，碎片化学习更轻松

本书精选了102项知识点，以NO.的方式进行编号，方便读者快速找到知识点的对应位置。此外，一个NO.就是独立的一个知识单元，针对性讲解，而且内容量不大，非常适合碎片阅读、学习。

本书读者

本书特别适合准备入市或者刚刚入市的新股民、股票投资爱好者，也可作为大中专院校或者企业的股市技术入门的培训教材，同时对有经验的炒股用户也有较高的参考价值。

由于编者经验有限，加之时间仓促，书中难免会有疏漏和不足之处，恳请专家和读者不吝赐教。再者，股市有风险，投资须谨慎。

编　者

2019年6月

目录
CONTENTS

从零开始
学股市技术分析大全

第 1 章

新手上路，全面认识股市技术分析

在股市中，人云亦云的股民多，时刻保持清醒头脑的股民少；跟风炒作的股民多，始终坚持投资的股民少。许多股民，尤其是新股民，在熊市中越低越敢卖，在牛市中越高越敢买，从而出现高进低出的现象，最终在股市中投资失利，甚至眼睁睁地看着大好的投资机会从手中溜走。投资者若想在变幻莫测的股市中赢得财富，掌握技术分析是首选途径。在本章我们将向投资者简单介绍股市技术分析的基本内容。

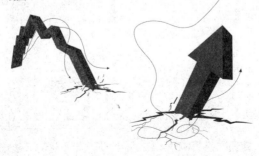

1.1 学习技术分析的必备前提

近年来，股市跌宕起伏，牛市和熊市交替出现，而且两个不同类型市场的出现都表现出来势汹汹的姿态。这样泾渭分明的股市环境，可以称得上是投资者的黄金年代，但是因为不懂技术分析，对市场或个股的未来发展判断不准确，使得部分投资者乘兴而来，败兴而归。下面我们就来了解一下如何学习技术分析。

NO.001 做好学习技术分析的准备

股市中都是真金白银的交易，因此投资者在交易过程中更加需要保持客观与冷静，对于各种分析方法更是要熟记于心。学习技术分析，需要做好哪几个方面的准备呢？

◆ 时间上的准备

个股的走势常常瞬息万变，最佳的买卖点不会出现较长时间的停留，因此，这就要求投资者在炒股时必须要有足够的时间来观察股价走势，能够在买卖点出现时及时操作，以保证资金能实现有效增值。如图 1-1 所示为皖通高速（600012）2018 年 11 月至 2019 年 1 月的 K 线走势。

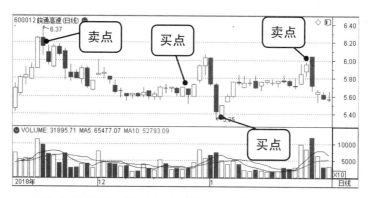

图 1-1 皖通高速 2018 年 11 月至 2019 年 1 月的 K 线走势

由图中可以看见，皖通高速在 2018 年 11 月至 2019 年 1 月这段时间内多次出现了短期的买卖点。对于投资者而言，把握住这些买卖点，就可以在较短时间内多次获利，但是这需要投资者了解当前的股价走势，并对后市的走势有一个准确的预判，在买卖点出现的时候才能顺势操作。

◆ 心理上的准备

股市交易是资本的交易，作为一个资本交易的市场，股市与其他市场一样，有涨也会有跌，投资者们在进行股票买卖的时候，投资行为很容易受到短期价格涨跌的影响，追高抛低，忽略了对股价的技术分析。

例如在某个交易日内，股价大幅波动，投资者面对这样的场景不知如何是好。而在股市中，这样走势的个股出现会非常频繁。如图 1-2 所示为大悦城（000031）在 2019 年 3 月 7 日的分时图，当日内股价走势频繁波动，在这样的走势面前，投资者更要保持理性，以技术分析结论为主要的操作依据。

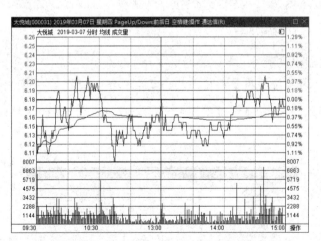

图 1-2 大悦城 2019 年 3 月 7 日的分时图

◆ 相关知识的准备

投资者在进行技术分析时，要对相关知识有一定的了解，例如 K 线技术、量价技术、波浪理论等这些内容将会在本书的后面进行详细介绍，这里不再赘述。

NO.002 了解技术分析的优势

自股票市场产生以来，投资者们就开始了对于股票投资理论的探索，形成了多种多样的理论成果，统称为技术分析。

技术分析是指以市场行为作为研究对象，以判断市场趋势并跟随趋势的周期性变化来进行股票交易决策的方法的总和。下面来了解一下技术分析的优势。

◆ 规避市场信息混乱对投资决策的影响

在股市中，到处充斥着小道消息，或者所谓的内幕消息，真真假假的信息让投资者无法做出理性的判断。而技术分析是通过对股价走势及其基本信息的分析来做出的当前分析和后市预判，具有较强的客观性，可以更好地帮助投资者做出选择。

◆ 分析方法体系完整、成熟

技术分析不仅仅是某一日个股走势的分析，它有着一整套图像化、图标化的指标，便于理解，如图1-3所示为通达信行情软件中显示的部分技术指标。

图1-3 通达信软件中的部分指标显示

技术分析可以帮助交易者迅速判断买入或卖出的时机，并且其分析方法经过长年的发展与完善，能够更好地衡量市场风险及预测市场走势。如图1-4所示为深南电A（000037）2019年1月至3月的走势图。

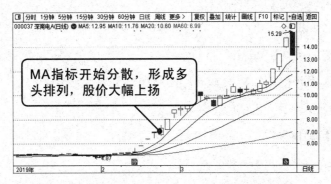

图1-4 深南电A在2019年1月至3月的K线走势

从图中可见，深南电A的股价在前期保持较平稳的走势，涨跌并不明显，MA指标也跟随股价在低位潜伏。2月中旬，个股出现小幅上涨，MA指标开始分散上扬，形成多头排列，出现买点。此后，股价开始了一段时间内的上涨。这便是技术指标帮助投资者们判断出的买入时机。

1.2 技术分析的基本知识

在前面的内容中，我们了解了学习技术分析需要做的准备和技术分析的必要性，那么接下来就来了解一下技术分析的基本知识。

NO.003 技术分析的主要基础：道氏理论

在技术分析领域，道氏理论是所有市场技术分析（包括波浪理论、江恩理论等）的鼻祖，只要对股市稍有投资经历的人都对它有所听闻，下面我们就来学习道氏理论的基本内容。

(1) 道氏理论的 3 种假设

道氏理论是建立在 3 种假设之上的，具体的 3 种假设如下。

◆ 假设一：人为操作

指数或个股每天、每星期的波动可能受到人为操作的影响，次级折返走势也可能受到这方面有限的影响，比如常见的调整走势，但主要趋势不会受到人为操作的影响。

◆ 假设二：市场指数会反映每一条信息

每位对于金融事务有所了解的市场人士，他所有的希望、失望与知识，都会反映在"上证指数"与"深证成指"或其他指数每天的收盘价波动中；因此，市场指数永远会适当地预测未来事件的影响。如果发生火灾、地震、战争等灾难，市场指数也会迅速地加以评估。

◆ 假设三：道氏理论是客观化的分析理论

道氏理论是客观化的分析理论，要想成功地利用它来协助投机或投资行为，就需要对其进行深入研究，并客观地综合判断。当主观使用它时，就很难避免不犯错，绝对不可以让一厢情愿的想法主导理性思考。

（2）道氏理论的五大基础定理

在假设基础上，道氏理论不断归纳和总结，形成五大定理，具体内容如下。

◆ 定理一：道氏的 3 种走势

股票指数与任何市场都有 3 种趋势，根据走势持续的时间长短来划分，分别是短期趋势、中期趋势和长期趋势。在任何市场中，这 3 种趋势必然同时存在，彼此的方向可能相反，这 3 种趋势的内容如表 1-1 所示。

表1-1　3种趋势

分类	持续时间	说明
短期趋势	持续数天至数个星期	短期趋势属于小级别的运动，只有很强的随机性，难以预测，投资者只有在少数情况下，才会关心短期趋势，在短期趋势中寻找适当的买进或卖出时机，以追求最大的获利，或尽可能地减少损失
中期趋势	持续数个星期至数个月	对于投资者较为次要，但却是专业投机者的主要考虑因素，它与长期趋势的方向可能相同，也可能相反。如果中期趋势严重背离长期趋势，则被视为是次级的折返走势或修正。次级折返走势必须谨慎评估，不可将其误认为是长期趋势的改变
长期趋势	持续数个月至数年	最为重要，也最容易被辨认，是长期投资者进行投资时主要的考量方面，对于投机者较为次要。中期与短期趋势都包含在长期趋势之中，明白它们在长期趋势中的位置，才可以充分了解它们，并从中获利

如图1-5所示为东风汽车（600006）在2015年12月至2019年4月的走势图。

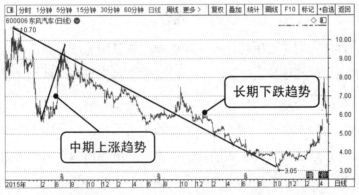

图1-5　东风汽车2015年12月至2019年4月的K线走势

从图中可知，东风汽车在2015年12月至2018年11月这一期间的长期趋势为下跌，在途中出现多次与长期下跌趋势方向相反的中期趋势和短期趋势。对于投资者而言，了解这3种趋势，在长期趋势中也可以运用逆向的中期趋势与短期趋势来获利。

◆ 定理二：主要走势（空头或多头市场）

主要走势代表整体的基本趋势，通常称为多头或空头市场，持续时间一般在一年以内，但有的个股主要走势也可能持续多年，现在没有任何已知的方法可以预测主要走势的持续时间。

了解长期趋势是成功投机或投资的最基本条件。投机者如果对长期趋势有信心，只要在进场时机上有适当的判断，便可以赚取到相当不错的收益。

◆ 定理三：主要的空头市场

主要的空头市场是长期向下的走势，其间夹杂着重要的反弹。它来自各种不利的经济因素（如政府干预性的立法、经济政策、战争等），唯有股价充分反映可能的最糟情况后，这种走势才有可能结束。

空头市场会历经 3 个主要的阶段：第一阶段，市场参与者不再期待股票可以维持过度膨胀的价格；第二阶段，股票的扩边卖压是企业经济状况与盈余衰退的反映；第三阶段，不论股票价值如何，许多长期套牢盘失去持股信心急于兑现股票，以期望减小损失。

空头行情末期，市场对于进一步的利空消息与悲观论调已经产生了免疫力。然而，在严重挫折之后，股价也似乎丧失了反弹的能力，种种征兆都显示，市场已经达到均衡的状态，投机活动不活跃，卖出行为也不会再压低股价，市场笼罩在悲观的氛围中。基于上述原因，股价会呈现窄幅盘整的走势。一旦这种窄幅走势明确向上突破，市场指数将出现一波比一波高的上升走势，其中夹杂的跌势都未跌破前一波跌势的低点。此时，表示空头市场结束，股价开始回升。

◆ 定理四：主要的多头市场

主要的多头市场是一种整体性的上涨走势，其中夹杂次级的折返走势，平均的持续期间长于两年。在此期间，由于经济情况好转与投机活动转盛，所以投资性与投机性的需求增加，并因此推高股票价格。

多头市场有 3 个阶段：第一阶段，人们对于股票未来的发展恢复信心；第二阶段，股价走势对于已知的公司盈余改善产生反应；第三阶段，投资者对于股票的操作热忱开始高涨，股价开始上涨。

多头市场的特色是所有主要指数都持续走高，即使回调整理的走势不会跌破前一个次级折返走势的低点，然后再继续上涨而创新高。在次级的折返走势中，指数不会同时跌破先前的重要低点。

◆ 定理五：次级折返走势

次级折返走势是多头市场中重要的下跌走势，或空头市场中重要的反弹走势，持续的时间通常在 3 个星期至数个月。

次级折返走势是一种重要的中期走势，它是逆于主要趋势的重大折返走势。

次级折返走势经常被误以为是主要走势的改变，因为多头市场的初期走势，显然可能仅是空头市场的次级折返走势，相反的情况则会发生在多头市场的顶部。

> **小贴士** *道氏理论并不是单纯的技术分析理论*
>
> 道氏理论的创始者是查理斯.道，他声称其理论并不是用于预测股市，甚至不是用于指导投资者，而是一种反映市场总体趋势的晴雨表。
>
> 但大多数人将道氏理论当作一种技术分析手段，这是非常错误的一种观点。其实，道氏理论最伟大的地方在于其宝贵的哲学思想，这是它全部的精髓。

NO.004 技术分析的主要要素

技术分析是通过图表或技术指标的记录，研究市场行为反应，以推测价格的变动趋势。其依据的技术指标的主要内容是由股价、成交量或涨跌指数等数据计算而来。

如图1-6所示为通达信软件中显示的个股界面，包含股价走势、成交量和技术分析指标等内容。

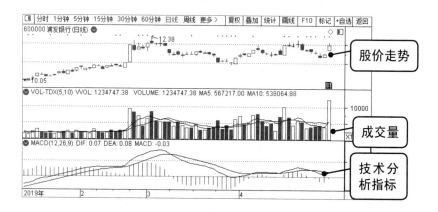

图 1-6 通达信软件中显示的个股技术分析界面

在行情软件中，程序包含多种技术指标，投资者在进行分析时，可以设置多种不同的指标，以完成对行情的分析预判。

1.3 常见技术分析有哪些

前面介绍了技术分析的理论基础和主要要素，下面来了解一下常见的技术分析方法有哪些。

NO.005 分时图

分时图是指大盘和个股在一个交易日内的实时走势图，它反映股价最新的变动情况，其在实战研判中的地位极其重要，是即时把握多空力量转化和市场变化的直接所在，如图 1-7 所示。

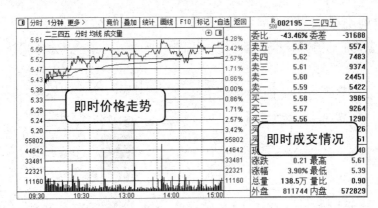

图1-7 分时图

分时图按照交易日的不同，可分为即时分时图和历史分时图，即时分时图即当日的日内价格走势图，如图 1-7 所示即为即时分时图。历史分时图是指之前交易日的日内价格走势，如图 1-8 所示。

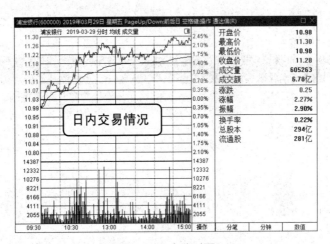

图1-8 历史分时图

NO.006 K 线图

K 线图由多根 K 线构成，K 线又称蜡烛线，最早起源于日本，后来经过美国证券分析师的整合逐步变成股市中主要的技术分析知识之一。

K 线有阳线、阴线之分，阳线是指收盘价高于开盘价的股价走势，阴线是指收盘价低于开盘价的股价走势，如图 1-9 所示为 K 线的基本形态。

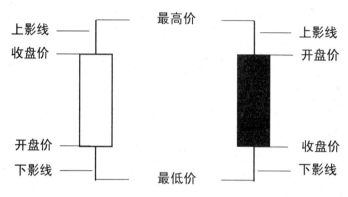

图 1-9 阳线（左图）和阴线（右图）

图 1-9 展示的 K 线为标准形态，实际个股走势中形成的 K 线并非如此标准，下面我们再介绍几种形态比较特殊的 K 线，如表 1-2 所示。

表 1-2 K 线常见形态

名称	形态	说明
光头光脚阳线		最高价与收盘价相同，最低价与开盘价相同。没有上下影线，表明从一开盘买方就积极进攻，中间也可能出现买方与卖方的斗争，但买方发挥最大力量，买方始终占优势，使价格一路上扬，直至收盘
光头光脚阴线		开盘价即成为全日最高价，而收盘价成为全日最低价，没有上下影线，这种 K 线图形表明空方在一日交战中最终占据了主导优势，多方无力抵抗，股价的跌势强烈，次日低开的可能性较大
一字线		开盘价、收盘价、最高价、最低价相等形成一字形状，即以涨停板或跌停板开盘，全日基本上都在涨停板或跌停板价格成交，一直到收盘为止的一种 K 线形态，该形态在上涨趋势中出现是买进信号，在下跌趋势中出现是卖出信号

续表

名称	形态	说明
墓碑线		形态上只有一根上影线，没有下影线或下影线很短，形状同墓碑，所以被称为墓碑线。墓碑线的形成一般是股价开盘后有过一段快速向上拉升的过程，但由于后期买入量减少，尾盘股价回落至开盘价附近
T字线		开盘价、收盘价和最高价相同，K线上只留下影线，如果有上影线也是很短，T字线信号强弱与下影线成正比，下影线越长，则信号越强。 该形态如果出现在股价有较大涨幅之后，则为见顶信号；如果出现在股价有较大跌幅之后，则为见底信号；如果出现在股价上涨或下跌过程中，则是持续状态的信号
十字线		实体部分呈现水平状的直线，因为交易时段的开盘价与收盘价相等（或几乎相等），表示多空力量均衡，本身并不具有任何意义，需要搭配前后K线才能做出行情判断。十字线的上下影线越强，所代表的信号也越强
光头阳线		没有上影线且下影线较长的阳线，表示收盘价与全天最高价相同，当天的交易买盘大。光头阳线的出现，表明主力做多意愿强烈，股价后期上涨的概率较大
光头阴线		指没有上影线的实体阴线，开盘之后股价一直下跌，显示空方占主导地位，下影线越长，空方的力量越强，今后价格下跌的可能性越大
光脚阳线		是一种不带或带少许下影线的小阳线。开盘价即成为全日最低价，开盘后，买方占据明显优势，股票价格不断攀升，表示上升势头很强。但在高价位处多空双方有分歧，股价下跌，最终仍以阳线报收，说明买方力量稍弱于卖方力量，投资者操作时应谨慎
光脚阴线		一种带上影线的阴实体，收盘价即全日最低价。开盘后，买方稍稍占据优势，股票价格出现一定涨幅，但上档抛压沉重。空方趁势打压，使股价最终以阴线报收。 如果在低价位区域出现光脚阴线，表明卖方仍占有优势；如果在高价位区域出现光脚阴线，表明买方上攻的能量已经衰竭，行情有可能在此发生逆转

K线的形成依据是股票交易日内的成交情况，属于很基础的技术分析方法，但它能最直观地反映买卖双方对于股价后市走势的不同预判。

NO.007 成交量

成交量指当天成交的股票总手数，1手=100股，它是股票供需的表现，当供不应求时，人潮汹涌，都要买进，成交量自然放大；反之，供过于求，市场冷清无人，成交量势必萎缩。

市场成交量的变化反映了资金进出市场的情况，它是判断市场走势的重要指标。一般情况下，成交量大且价格上涨的股票，趋势向好。成交量持续低迷时，一般出现在熊市或股票整理阶段，市场交易不活跃。如图1-10所示为成交量与股价的变化形态。

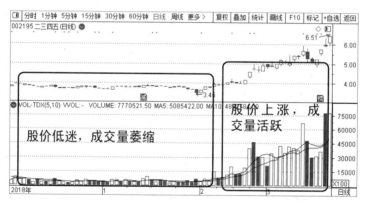

图 1-10 成交量与股价的变化形态

成交量情况是个股对投资者的吸引程度的真实反映，当投资者看好某只股票时，就会有很多人买入，持有该股票的投资者会持股待涨，从而推动股票价格上涨；同理，如果投资者对该股票不看好，持股的投资者会卖出筹码，采取离场观望的态度，从而推动股票价格下跌，所以说成交量是股票价格的主宰。

NO.008 技术指标

技术指标是指通过数学公式计算得出的股票数据集合，炒股软件中提供的技术指标类型有很多，如表 1-3 所示为常见的技术指标类型。

表 1-3　技术指标的类型

类型	应用方法	包含指标
超买超卖型	形态中包含天线和地线，天线可视为指标压力或是常态行情中的上涨极限，地线可视为指标支撑或常态行情中的下跌极限	CCI、DRF、KDJ、K%R、KAIRI、MFI、MOM、OSC、QIANLONG、ROC、RSI、SLOWKD、VDL、W%R、BIAS、BIAS36、布林极限、极限宽
趋势型	该类指标至少有两条线，以两条线的交叉为涨跌信号	ASI、CHAIKIN、DMA、DMI、DPO、EMV、MACD、TRIX、终极指标、VHF、VPT、钱龙长线、钱龙短线、WVAD
能量型	该类指标专门测量投资者的投资情绪。指标数据太高，代表投资者过于活跃；指标数据太低，代表投资者过于冷淡	BRAR、CR、MAR、梅斯线、心理线、VCI、VR、MAD
成交量型	反映个股成交情况的指标，数值越大，成交越多	ADVOL、成交值、负量指标、OBV、正量指标、PVT、成交量、SSL、邱氏量法、成本分布
均线型	即各种不同算法的平均线。主要通过短期均线穿越长期均线的结果，判断买卖信号	BBI、EXPMA、MA、VMA、HMA、LMA
图表型	以 K 线为基础派生出来的价格图形，通过图形的特征形态及其组合来判断买卖信号和预测涨跌	K 线、美国线、压缩图、收盘价线、等量线、LOGB、LOGH、LOGK、等量 K 线、○×图、新三价线、宝塔线、新宝塔线
选股型	用于筛选于有投资价值类股票的指标	CSI、DX、PCNT%、TAPI、威力雷达、SV
路径型	也称为压力支撑型。分为上限带和下限带，上限代表压力，下限代表支撑	布林线、ENVELOPE、MIKE、风林火山

续表

类型	应用方法	包含指标
停损型	该类指标不仅具备指示停损的作用，还具有反映交易反转的功能。投资者不能单纯地以停损的观念看待这个指标，它是一个会产生交易信号的相对独立的交易系统	SAR、VTY

在通达信行情软件中，可以设置显示多种技术指标来辅助投资者进行行情分析，投资者在技术指标窗口空白处右击，选择"副图指标／选择副图指标"命令，在打开的对话框中即可选择想要使用的指标类型，如图1-11所示。

图1-11 设置副图技术指标

有的指标是在主图窗口显示，投资者可以在主图窗口中右击，选择"主图指标／选择主图指标"命令，在打开的对话框中选择想要使用的指标类型，单击"确定"按钮即可，如图1-12所示。

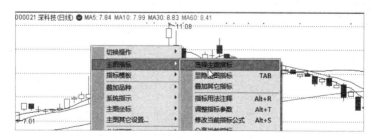

图1-12 设置主图技术指标

从零开始
学股市技术分析大全

第2章

读懂分时图，及时抓住买卖点

　　大盘全天的走势往往瞬息万变，分时图作为即时记录交易日内价格走势变化的图形，在实战研判中的地位极其重要。它是投资者即时把握多空力量转化，了解市场变化的根本所在。本章我们就来系统性的学习如何通过分时图来把握买卖点。

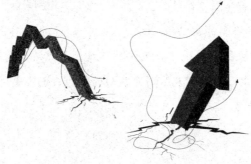

2.1 不同时段的分时图盘面实战

通过对不同时间段的分时图走势的分析，可以推测出盘内多空实力的变动情况，帮助投资者把控买卖点。

NO.009 早盘弱势的操作策略

早盘时间段为每个交易日的 9:30~10:00，这个时间段个股刚刚开盘，盘中的多空双方刚开始较量，这段时间个股表现弱势，开盘后价格出现下跌，并且在 10:30 的时候收出当日的最低价。

早盘低迷表示多方在开盘后未能掌控住局势，导致股价开盘后呈现出下跌的走势，此时投资者不能急于操作，要根据前期的行情和交易日后续的走势来进行分析与操作。

（1）下跌反弹走势中出现早盘低迷

如果在下跌反弹走势中出现早盘低迷的情况，表示多方势力一直被空方压制，即使在早盘后股价保持了一定的平稳度，但是后市股价下跌的可能性更大，投资者不可贸然买进。

实例分析

上海电力（600021）下跌反弹中出现早盘低迷，后市继续下跌

如图 2-1 所示为上海电力在 2018 年 9 月 26 日的分时图。可见上海电力的股价在开盘后股价便出现比较大幅的下跌，虽然 10:30 之后，股价开始出现回升，但是回升的涨幅并未达到开盘时的价位，并且回升一段时间之后，于 14:00 开始，股价继续缓慢下跌，当日股价收阴，单日跌幅为 1.56%。

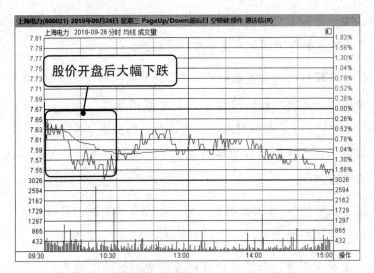

图2-1 上海电力2018年9月26日的分时图

从单日的分时图走势来看，上海电力的后市并不看好，但是也不能仅根据单日走势就确定操作方向，还需联系之前的走势来进行具体分析。

如图2-2所示为上海电力在2018年7月至10月的K线走势。

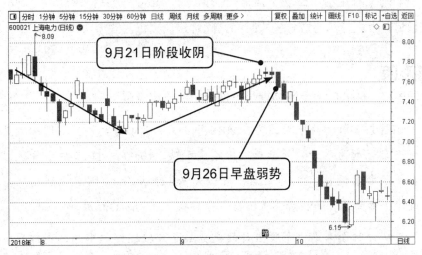

图2-2 上海电力2018年7月至10月的K线走势

从图中可知，上海电力2018年7月底开始，股价保持下跌走势，在8

月中旬，股价开始出现回升，但是回升幅度较小，表示多方和空方在盘内交手，多方稍占优势但多方并没有控制住局势。

9月21日股价收出实体短小的阴线，并且在下一个交易日（9月25日）继续收出阴线，实体和影线均长于9月21日的阴线，表明在这一波多空势力较量的过程中，多方消耗过大，空方逐渐占据领地。紧接着，9月26日，早盘表现低迷，当日的阴线实体明显长于前两日，表明多方无力抵抗，空方已占据市场。

果然，在9月26日收出阴线之后，股价大幅下跌，在短短几个交易日内从7.60元左右下跌至6.15元，跌幅达6.79%。

对于投资者而言，如果股价在较为弱势的拉升走势之后，盘内出现早盘弱势，后期继续下跌的可能性大，则建议有持股的投资者先行卖出，持币的投资者继续观望。

（2）上涨走势中出现早盘低迷

如果上涨走势中出现早盘低迷的情形，后续走势会持续一段时间的整理趋势，上涨走势会暂停一段时间，此时建议投资者观望。

实例分析

中国国贸（600007）上涨初期早盘低迷，后市将调整

如图2-3所示为中国国贸在2019年1月8日的分时图，从图中可见，股价当日开盘为平开。开盘后股价震荡下跌，10:00 ~ 11:00这个阶段，股价在低位震荡调整。11:00之后，股价开始上涨，在13:15分上涨结束，之后股价小幅回落，平稳震荡至收盘，当日收出0.90%的涨幅。

单从分时图来看，个股当日的走势属于比较稳健的形态，先抑后扬，并且尾盘收尾也比较平稳，虽然最终涨幅不大，但是仍收于阳线，表明市场中仍然是多方占据主导地位。

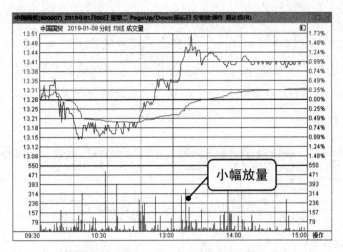

图 2-3　中国国贸 2019 年 1 月 8 日的分时图

成交量方面，当日并未出现较为密集的放量，表明盘中持股比较稳定，在股价早盘下跌的时候并未出现大量成交，说明投资者并未恐慌抛售，反而在股价上涨接近当日最高价时成交量有所放大，说明此时投资者仍有买入行为，才会推高股价上涨。在尾盘时成交量降到最低，表明此时持股者均在持股观望。来看一下该股近期的 K 线图走势，如图 2-4 所示。

图 2-4　中国国贸 2018 年 11 月至 2019 年 2 月的 K 线走势

由图中可知，中国国贸在 1 月 8 日收出阳线之前，已经出现连续 5 个交易日收出阳线，观察第一根阳线（2018年12月28日），有着较长的上下影线，表明盘内的多空双方交战激烈，并且它出现在股价的下跌走势中，当日的分时走势也属于早盘弱势，后期上扬的状态，表明股价此时有反转的可能性，为了印证这一猜想，我们来观察另一交易日（2019年1月2日）的股价走势，如图2-5所示。

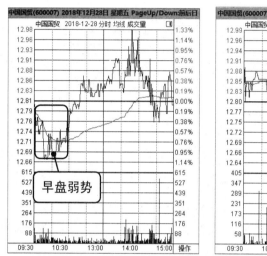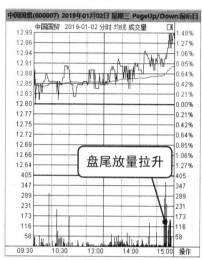

图2-5 中国国贸2018年12月28日、2019年1月2日的分时图

在2019年1月2日的分时图中，股价呈现出高开高走的态势，并且尾盘出现放量，将股价拉升至最高价附近收盘，可见此时盘中局势的主导者是多方力量。因此在2019年1月8日，股价再次走出早盘弱势，后期上扬的走势时，可以联想到经过一波连续的拉升，多方此时需要调整，因此此后会迎来一波调整的走势，此时有持股的投资者应继续观望，持币的投资者建议调整完毕后再行操作。

NO.010 早盘强势的操作策略

如果个股开盘后，股价便出现急剧拉升的走势，表明多方表现很强势，并且空方此时并没有与多方一较高下的实力，这种盘面一般出现在上涨的中继阶段，后市继续上涨的可能性较大。

实例分析

浦发银行（600000）早盘强势，投资者可逢低进场

如图 2-6 所示为浦发银行 2019 年 1 月 31 日的分时图。

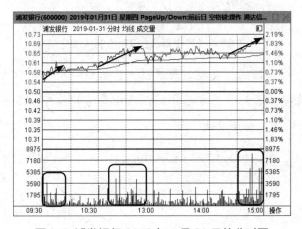

图 2-6 浦发银行 2019 年 1 月 31 日的分时图

由图中可知，浦发银行当日股价高开，开盘后成交量情况较为活跃，在成交量的推动下迎来一波拉升，早盘交易中，多方表现较为强势。

当日的股价共有 3 次比较明显的上涨，都伴随着成交量的放大，尾盘时出现几笔较大买入，推动股价上涨，收出 2.19% 的涨幅。

从分时图中便可猜测出此时的多方是能够掌控盘中局势的，并且也有足够的资金来操作成交量推动股价上涨，如图 2-7 所示为浦发银行 1 月 31 日尾盘时的成交情况。

由图中可知，浦发银行的个股走势在接近尾盘时，出现多笔大单买入的现象，表明此时资金处在进入状态，推动当日股价以最高价收盘，整个交易日内，多方表现均较为强势。

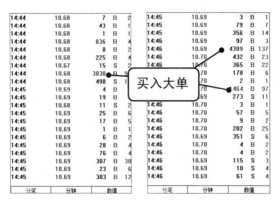

图 2-7 浦发银行 1 月 31 日尾盘时的成交情况

查看此时的 K 线图，发现该股在前期已经有一段时间的上涨，涨幅较为稳定，这就印证了此时多方已控制住盘内局势的猜想，因此后期股价会继续拉升一段时间，如图 2-8 所示。

图 2-8 浦发银行 2018 年 12 月至 2019 年 3 月的 K 线走势

NO.011 早盘震荡的操作策略

早盘出现震荡行情，表明盘内的多空双方此时正在互相打压，并没有哪一方占据明显优势。但是在一段时间后，这种平衡会被打破，在这场角逐中，哪一方属于优胜者，则后市就会延续此时的行情一段时间。

实例分析

皖通高速（600012）早盘震荡，多方占优势，后市上涨

如图 2-9 所示为皖通高速在 2019 年 1 月 4 日的分时图。

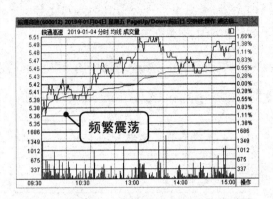

图 2-9 皖通高速 2019 年 1 月 4 日的分时图

由图中可知，皖通高速当日股价属于低开，开盘后股价出现小幅拉升，在接近上一交易日收盘价处遇到阻力，可见多空双方在盘内交战，各自的价格均为上一日的收盘价，股价反复震荡持续到 10:30。之后多方一鼓作气，拉动股价突破上一日的收盘价，最终收出阳线。从单日盘内走势看来，多方势力强于空方，后市出现上涨行情的可能性较大。

如图 2-10 所示为皖通高速 2018 年 12 月至 2019 年 3 月的 K 线走势。

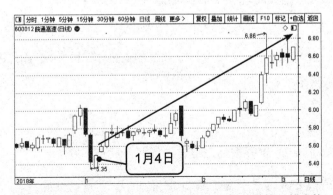

图 2-10 皖通高速 2018 年 12 月至 2019 年 3 月的 K 线走势

由图中可知，皖通高速在前两日的交易中均收出阴线，并且跌幅分别为 4.98% 和 5.41%，在连续的下跌之后，股价后市继续下跌的可能性是比较大的。在 1 月 4 日，盘内显示出多方优胜于空方的形态，但是此时入场操作仍有一定的风险。我们来观察另一交易日的盘内走势，如图 2-11 所示为皖通高速在 2019 年 1 月 7 日的分时图。

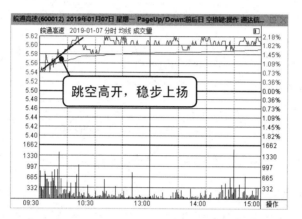

图 2-11 皖通高速 2019 年 1 月 7 日的分时图

在 2019 年 1 月 7 日的分时图中可见，此时盘内的形势相较于前一交易日已非常明朗，股价跳空高开，并且稳步上扬。在早盘过后维持到一定价位直至收盘，多方已掌控局势，此时投资者入场操作更为安全，后续走势如图 2-10 所示，股价出现一段时间的拉升。

早盘震荡过后拉升表示多方占据盘内市场，后市上涨可能性较大，那么早盘震荡过后遭到打压是否表明空方占据优势，后市下跌可能性较大呢？下面来继续观察一个案例。

实例分析

中原高速（600020）早盘震荡，空方占优势，后市下跌

如图 2-12 所示为中原高速在 2018 年 11 月 21 日的分时图。

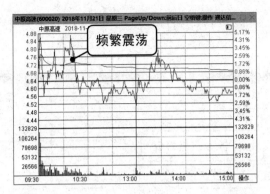

图 2-12　中原高速 2018 年 11 月 21 日的分时图

由图中可知，中原高速的股价当日高开，开盘后股价出现大幅震荡，显示出多空双方的激烈交战，股价始终以上一交易日的收盘价 4.64 元为限，多方强力拉升，空方尽力打压。再来看一下这个时间段的成交情况，如图 2-13 所示。

09:25	4.68	48763		09:32	4.84	1526	B	09:34	4.81	1662	S	09:35	4.65	287	S
09:30	4.63	7521	S	09:32	4.81	3753	S	09:34	4.80	1304	S	09:35	4.67	128	B
09:30	4.67	19186	B	09:32	4.84	2224	B	09:34	4.77	743	S	09:35	4.66	542	S
09:30	4.66	1726	B	09:32	4.83	2186	B	09:34	4.79	451	B	09:35	4.65	389	S
09:30	4.67	914	B	09:32	4.82	1587		09:34	4.79	624	B	09:35	4.70	1406	B
09:30	4.66	345	B	09:32	4.83	1220	B	09:34	4.78	1916	S	09:35	4.66	1352	S
09:30	4.67	480	B	09:32	4.83	1040	B	09:34	4.78	2944	S	09:35	4.66	1401	S
09:30	4.65	1270	S	09:32	4.83	494	S	09:34	4.78	3839	B	09:35	4.68	161	B
09:30	4.65	10903	B	09:32	4.83	2064	S	09:34	4.75	1077	S	09:35	4.66	429	S
09:30	4.66	498	B	09:32	4.84	2953	B	09:34	4.75	479	B	09:35	4.70	3540	B
09:30	4.66	386	B	09:33	4.80	7507	S	09:34	4.75	754	S	09:35	4.66	1066	S
09:30	4.66	5699	B	09:33	4.79	2066	S	09:34	4.76	907	B	09:35	4.66	563	S
09:30	4.65	1331	S	09:33	4.79	717	S	09:34	4.76	639	B	09:35	4.66	1298	S

图 2-13　中原高速早盘时间的部分成交情况

由图中可知，在开盘的 09:30 ~ 09:36 这短短几分钟内，股价便经历了从 4.91 元下跌至 4.55 元的落差，过于密集的大单成交，使得股价犹如坐过山车一般大幅震荡，此时行情最为凶险，后市走势不定，投资者一定要稳住心神，不可贸然入场操作。

在早盘的震荡行情过后，股价跌破前一日的收盘价，空方在早盘的角逐中处于优胜，下午开盘时多方继续出手拉动股价，但是被空方打压，最终以 1.41% 的跌幅收盘。

从 11 月 21 日的盘内局势来看，空方处于胜利者，但是多方的实力仍然不容小觑，我们继续来观察 11 月 21 日的前一个交易日和后一个交易日的股价盘内走势，如图 2-14 所示。

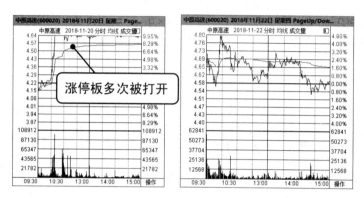

图 2-14 中原高速 2018 年 11 月 20 日和 11 月 22 日的分时图

由图中可知，中原高速在 2018 年 11 月 20 日的盘内为涨停走势，但是涨停板多次被打开，表明此时盘内的多方并未能彻底掌控局势，空方的实力已足以影响盘面。

11 月 22 日和 11 月 21 日的盘面走势有相似之处，均为早盘震荡，随后股价呈现打压下跌的走势，表明此时盘内的空方实力强于多方，股价后市会迎来一波下跌，如图 2-15 所示。

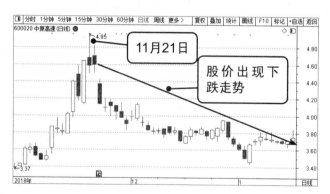

图 2-15 中原高速 2018 年 11 月至 2019 年 1 月的 K 线走势

由图中可知，中原高速的股价自 2018 年 11 月 21 日之后，一段时间内均处于下跌走势。

NO.012 盘中弱势的操作策略

每个交易日的10:00~14:30为盘中阶段，如果股价在进入盘中后不断下跌，盘中阶段表现弱势，这是一个比较危险的信号，后市价格下跌的可能性较大。

（1）下跌初期出现盘中弱势的情形

如果盘中弱势情形出现在下跌初期，表明主力真正放弃该股了，将会出现一波大跌的走势，投资者需要尽快清盘逃离。

实例分析

中远海能（600026）下跌初期盘中弱势，多方无力

如图2-16所示为中远海能2018年12月10日的分时图。

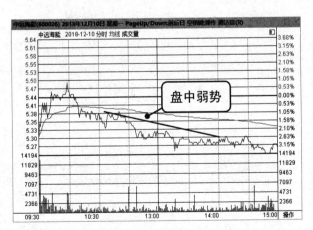

图2-16 中远海能2018年12月10日的分时图

由图中可知，中远海能的股价在早盘时有过一波拉升的行情，10:00之后，股价开始缓慢下行，直至收盘。从当日的盘面看来，股价走势较为弱势，多方似乎并无太强的拉升意图，而是任由股价被打压下跌，如图 2-17 所示为中远海能在这之后的股价走势。

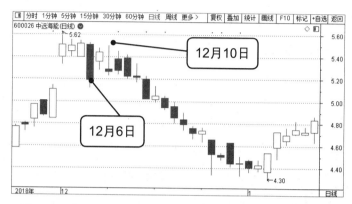

图 2-17 中远海能 2018 年 11 月至 2019 年 1 月的 K 线走势

由图中可知，中远海能的股价在之前创出阶段性高价 5.62 元，之后股价在高位停留两个交易日，在 12 月 6 日股价便收出大阴线，单日跌幅达 5.98%。如图 2-18 所示为中远海能 2018 年 12 月 6 日的盘内走势。

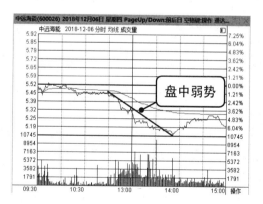

图 2-18 中远海能 2018 年 12 月 6 日的分时图

由图中可知，12 月 6 日的盘面也属于盘中弱势的形态，虽然 14:00 之后多方试图拉动一波股价，但是最终股价收阴，表现出多方的无力，在阶段性的高位出现后，股价连续出现盘中弱势的形态，后市股价开始下跌。

（2）下跌中期出现盘中弱势的情形

如果盘中弱势形态出现在下跌中期，说明主力还有一波杀跌，投资者不宜盲目跟进，应该在空方力量彻底释放后介入。

实例分析

浙能电力（600023）下跌中期盘中弱势，后市还有一波杀跌力

如图 2-19 所示为浙能电力在 2019 年 1 月 16 日的分时图。

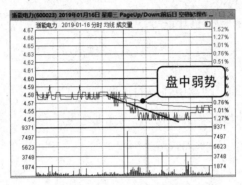

图 2-19 浙能电力 2019 年 1 月 16 日的分时图

由图中可知，浙能电力的股价在 2019 年 1 月 16 日的盘中阶段表现较为弱势，虽然下跌幅度不大，但是可以看出，此时盘内空方占据主导地位，股价后续会继续迎来一波下跌，如图 2-20 所示。

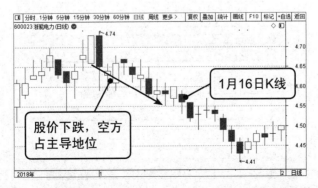

图 2-20 浙能电力 2018 年 12 月至 2019 年 2 月的 K 线走势

由图中可知，浙能电力的股价在前期已经出现过一波下跌，说明此时盘面内空方占据主导地位。虽然 1 月 16 日的早盘和尾盘表现较为平稳，但是盘中的一波下跌走势，多方并未有明显的反抗行为，因此后市股价继续保持下跌。

NO.013 盘中强势的操作策略

盘中强势拉升的走势通常出现在上涨的初期，这种盘面具有快速拉升个股的含义。盘中强势拉升也可能出现在上涨的后期，这是提醒投资者最后的出局机会很快就没有了，因此它的变盘信号比较强烈。

（1）上涨初期出现盘中强势的情形

如果盘中强势形态在上涨初期出现，股价还会继续上涨的可能性较大，在盘中买入可以获得较大的收益。

实例分析

中远海能（600026）上涨初期盘中强势，后市拉升

如图 2-21 所示为中远海能 2019 年 1 月 30 日的分时图。

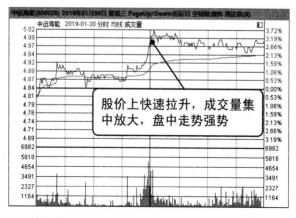

图 2-21 中远海能 2019 年 1 月 30 日分时图

由图中可知，中远海能的股价在开盘后保持了一定时间段的平稳，在上午收盘至下午开盘阶段出现了急剧拉升的走势，成交量集中放大，创出当日的最高价 5.03 元，如图 2-22 所示为该时间段的部分成交情况。

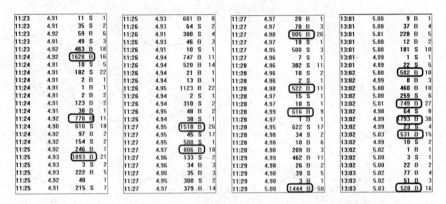

图 2-22　中远海能 2019 年 1 月 30 日部分成交情况

从成交量情况来看，这个时间段出现比较密集的大单买入成交，多方开始出击，逐渐占据市场。为了做出更准确的预判，我们来观察 1 月 30 日前后两天的分时图，如图 2-23 所示。

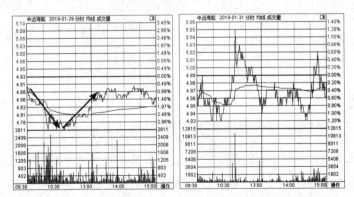

图 2-23　中远海能 2019 年 1 月 29 日和 1 月 31 日的分时图

由图中可以看到，在 1 月 29 日早盘阶段，股价有明显的下跌，在下跌至 4.75 元的时候遇到支撑，成交量放大，股价趋于平稳，至盘中时出现拉升，形成 V 形走势，尾盘时有小幅回落，此时盘内已出现支撑力量。

在 1 月 31 日，股价盘内的走势比较震荡，但也能明显看出在 4.93 元处出现支撑力量，联系 1 月 30 日的盘内大单成交，可以判断出此时多方已然入场布局，后市股价将会迎来一波上涨，如图 2-24 所示为中远海能 2019 年 1 月至 3 月的 K 线走势。股价在这个阶段大幅上涨。

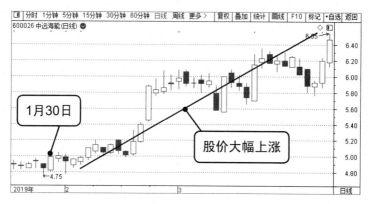

图 2-24 中远海能 2019 年 1 月至 3 月的 K 线走势

（2）上涨末期出现盘中强势的情形

如果盘中强势情形在上涨高位出现，表明股价的上涨很大可能性是强弩之末，后市反转的可能性较大。此时有短线操作的机会，但是需要投资者对行情的把握要很准确。

实例分析

歌华有线（600037）高位盘中强势，可短线操作

如图 2-25 所示为歌华有线在 2019 年 3 月 4 日的分时图。由图中可知，该股开盘后股价保持了一定的平稳，至盘中阶段开始上涨，最终股价涨停，并封住涨停板直至收盘。

从盘面来看，歌华有线盘面内的多方力量比较稳固，后市应该会有一段时间的上涨走势，具有一定的可操作性。

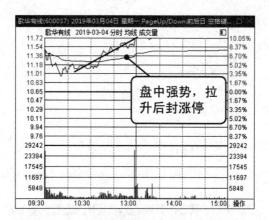

图 2-25 歌华有线 2019 年 3 月 4 日的分时图

如图 2-26 所示为歌华有线在 2019 年 2 月至 3 月的 K 线走势。由图可见，股价前期已经有一波涨幅，此时的盘中拉升涨停收出的阳线与前一交易日之间形成了缺口。虽然从盘面来看多方依旧强势，但是会迎来一波回调，此时有短线操作的时机，对于中长期投资者，则需等调整走势结束之后再行判断。

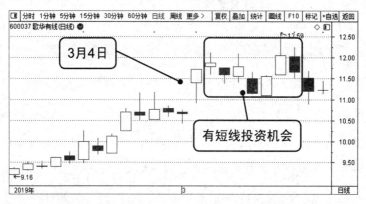

图 2-26 歌华有线 2019 年 2 月至 3 月的 K 线走势

NO.014 盘中震荡的操作策略

一般而言，股价震荡走势大多出现在早盘阶段。如果在进入盘中后出现了震荡形态，表明多空双方十分谨慎和小心，震荡的幅度因为个股不同而不同。

（1）上涨阶段出现盘中震荡情形

如果在上涨阶段出现盘中震荡，这是多头主力正在积蓄力量，随后股价还会继续上涨，投资者做多。

实例分析

保利地产（600048）上涨阶段盘中震荡，多方积蓄力量

如图 2-27 所示为保利地产 2019 年 2 月 27 日的分时图。

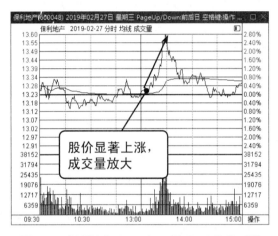

图 2-27 保利地产 2019 年 2 月 27 日的分时图

由图中可知，保利地产的股价在开盘后保持了一定程度的平稳运行，至下午盘开盘后，成交量放大，股价出现明显涨幅，创出盘内高位，之后股价开始下跌，回到开盘价附近水平，直至收盘。

从盘面来看，此时盘内多方力量仍然较为强大，虽然股价在受到拉升后有回落，但是明显地可以看出盘内当日的支撑价为上一交易日的收盘价，并且当日股价一直在该价位上下徘徊，除了拉升的那个时间段，其他时间并未远离该价位。即使在打压下跌的时候，股价也并未跌破该价位，表明此时盘内仍是多方势力占主导地位，后市价格会继续一波上涨。

如图 2-28 所示为保利地产 2019 年 1 月至 3 月的 K 线走势。

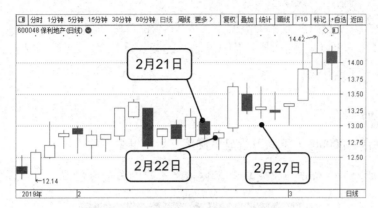

图 2-28 保利地产 2019 年 1 月至 3 月的 K 线走势

由图中可知，保利地产在 2 月 27 日之前，股价处于上涨走势中的调整阶段，可以合理地猜测出 2 月 27 日的盘中调整为多方的洗盘行为。来观察一下保利地产在整理阶段中两个价位较低 K 线的盘内走势情况，如图 2-29 所示。

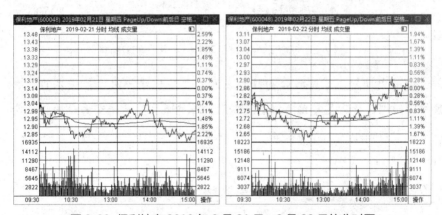

图 2-29 保利地产 2019 年 2 月 21 日、2 月 22 日的分时图

从分时图中可以明显发现，这两个交易日股价虽然都是弱势低开，盘内也有明显下跌，但是下方的支撑力量一直存在，2 月 21 日股价两次下跌接近支撑价位都受到支撑迎头向上，2 月 22 日也是如此，因此印证了这个阶段多方洗盘的猜想，在洗盘完成后，股价会继续拉升上涨。

（2）下降阶段出现的盘中震荡情形

如果在下降阶段出现了盘中震荡，这是空头主力正在做好准备，股价很快进入下跌状态。

实例分析

宁波联合（600051）下跌阶段盘中震荡，后市继续下跌

如图 2-30 所示为宁波联合 2018 年 12 月 17 日的分时图。

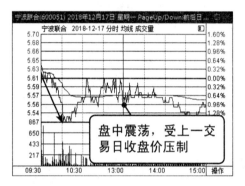

图 2-30 宁波联合 2018 年 12 月 17 日的分时图

由图中可知，宁波联合的股价在开盘之后出现一次比较明显的下跌，盘中时回调，并反复震荡。但是震荡的价位并未突破前一交易日的收盘价，表明盘中占主导地位的为空方，股价后市继续下跌的可能性较大，如图 2-31 所示。

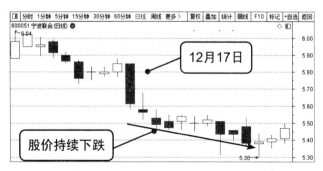

图 2-31 宁波联合 2018 年 11 月至 2019 年 1 月的 K 线走势

由图中可知，宁波联合的股价在前期一直处于下跌走势，本身处于空方主导的行情，并且在前一交易日（12 月 14 日）收出一根大阴线，单日跌幅为 4.10%，多方此时对于空方的打压并没有足够的还击之力，因此后续走势将继续下跌。

NO.015 尾盘突然大涨的操作策略

尾盘是指每个交易日 14:30 ~ 15:00 的这个时间段。如果股价在尾盘突然出现了大幅度的上涨，它并不是意味着次日一定会有好的行情，此时的投资策略需要根据股价所处的位置和前期的价格走势来确定。

（1）股价低位出现尾盘大涨

如果在个股处于低位时，出现尾盘突然大涨，这是主力机构入场吸筹的行为表现。尾盘拉升的目的是收集筹码，给产生获利了结或止损离场者一个高价退出的机会，后续股价上涨的可能性很高，投资者要密切关注该股。

实例分析

九鼎投资（600053）股价低位出现尾盘大涨，多方吸筹

如图 2-32 所示为九鼎投资在 2018 年 10 月 15 日的分时图。

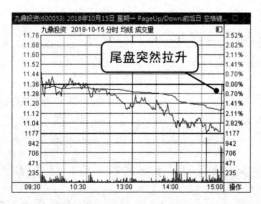

图 2-32 九鼎投资 2018 年 10 月 15 日的分时图

由图中可知，九鼎投资的股价在开盘后处于稳定下跌的走势中。但是在尾盘时，出现大单，托住下行的股价，并在临近收盘时大幅拉升价格。下面结合九鼎投资的K线走势来分析。如图2-33所示为九鼎投资2018年8月至11月的K线走势。

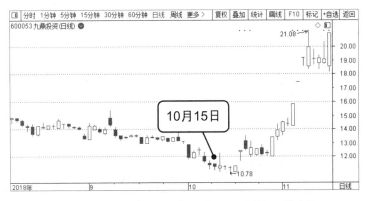

图2-33 九鼎投资2018年8月至11月的K线走势

由图中可知，九鼎投资在前期处于缓慢下行的走势中，此时股价的变动幅度较小。从K线图来看，并不能发现有主力建仓的行为，联查10月15日前一交易日和后一交易日的盘内走势，发现盘内变动并非K线图展示的如此平稳，该股并非没有主力资金介入，如图2-34所示。

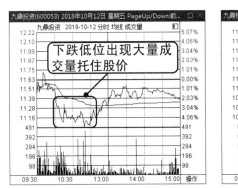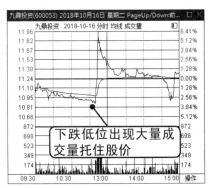

图2-34 九鼎投资2018年10月12日和10月16日的分时图

由图中可知，九鼎投资的股价变动一直被控制在一定幅度以内，并且每次股价下跌低位都会出现大量成交量托住股价回升，因此可以判断，该股此时已有主力资金介入，投资者可以等待股价出现明显涨幅时再行操作，以降低资金与时间成本。

（2）股价高位出现尾盘突然大涨

如果在高位出现尾盘突然大涨，一般是主力为了加大出货空间，此时投资者应及时抛售出局。

实例分析

美丽生态（000010）股价高位出现尾盘大涨，持股者要果断出局

如图 2-35 所示为美丽生态在 2018 年 11 月 28 日的分时图。

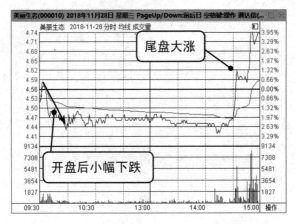

图 2-35 美丽生态 2018 年 11 月 28 日的分时图

由图中可知，美丽生态的股价在 2018 年 11 月 28 日当天开盘后出现小幅下跌，之后股价一直在低位平稳运行。尾盘时，股价突然大涨，成交量放大，在最后以 3.73% 的涨幅收盘。

从盘面来看，美丽生态盘内的多方势力较为强劲，能够在最后时间内拉升股价，那么此时该股处于何种运行状态呢？如图 2-36 所示为美丽生态2018 年 9 月至 2019 年 1 月的 K 线走势。

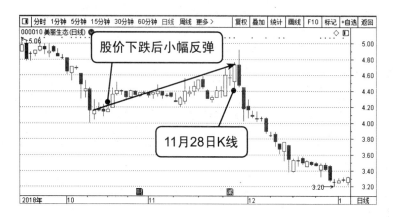

图 2-36 美丽生态 2018 年 9 月至 2019 年 1 月的 K 线走势

由图中可知，美丽生态的股价在 2018 年 9 月至 10 月上旬处于下跌走势，之后股价开始小幅反弹，从反弹阶段的最低价位 4.00 元至 11 月 28 日的最高价位 4.77 元，反弹幅度为 19%。历时接近两个月，并且在临近 11 月 28 日的时候，出现两根十字线，有盘内多空双方局势转换的意味，在十字线之后出现尾盘大涨的现象，变盘的可能性极高，此时投资者如果还持股观望的话，那么在下一个交易日就一定要果断出手了。如图 2-37 所示为美丽生态 2018 年 11 月 29 日的分时图。

图 2-37 美丽生态 2018 年 11 月 29 日的分时图

由图中可知，美丽生态在 2018 年 11 月 29 日开盘后，短暂拉升后就迅速下跌，伴以成交量放大，多方利用前一交易日的尾盘大涨辅之以今日的开盘拉升手段，吸引不明真相的散户，达到加大出货空间的目的，此时持股者应果断出局。

NO.016 尾盘突然杀跌的操作策略

尾盘突然出现杀跌的现象，看似是利空的信号，但股市千变万化，投资者对于这种现象不要过分着急，要通过分析前期走势来做出准确的预判。

（1）股价在低位出现尾盘杀跌现象

如果股价在低位时出现尾盘跳水，且下个交易日有高走的现象，说明有主力资金介入，这是多方设置的跳水陷阱，目的是为了得到散户手中廉价的筹码。

实例分析

漳泽电力（000767）股价低位出现尾盘杀跌，多方吸筹

如图 2-38 所示为漳泽电力在 2019 年 1 月 31 日的分时图。

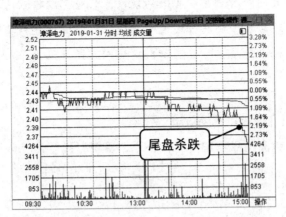

图 2-38 漳泽电力 2019 年 1 月 31 日的分时图

由图中可知，漳泽电力的股价在 2019 年 1 月 31 日的早盘及盘中，表现都较为平稳，到了尾盘，股价急剧下跌，最终收盘于 3.28% 的跌幅。

下面来看一下这种分时走势出现的大环境，如图 2-39 所示为漳泽电力在 2018 年 12 月至 2019 年 3 月的 K 线走势。

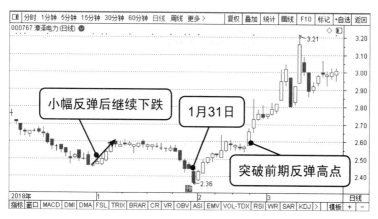

图 2-39 漳泽电力 2018 年 12 月至 2019 年 3 月的 K 线走势

由图中可知，漳泽电力的股价在前期一直处于下跌状态，在 1 月有过一次小幅反弹，但持续时间并不长，1 月末期出现连续的阴线打压股价下跌。1 月 31 日，股价尾盘杀跌，以最低价收盘。一般而言，当股价已经处于低位时，很少会出现较大阴线打压股价下跌的现象，此时可以猜测是多方吸筹打压股价，并且通过后几个交易日的连续阳线，可以印证此种猜测的准确性，因此投资者为保险起见，可在股价突破前期反弹价位时介入，虽然盈利会减少，但操作更为安全。

（2）股价在高位出现尾盘跳水现象

如果股价在高位盘整出现尾盘跳水，投资者需要保持谨慎的心理，不要盲目抢反弹，因为此时有可能是主力高位出货的操盘手段。

一般而言，在股价上涨高位出现尾盘跳水，主力出货的现象更为常见，此时股价的表现是节节下跌，并且初期因为多方的支撑力量消失，投资者恐慌情绪暴涨，纷纷弃盘而走，股价跌幅是最大的。

2.2 分时图与成交量形态的配合技术

在分析股价走势时，投资者会发现股价的变动与成交量的变动是有密切关系的，成交量水平或高或低，都会如实地表现在股价的涨跌上，因此通过分析分时图走势与成交量的变动形态也可以预判股价走势。

NO.017 解读量价同步配合分时图

所谓量价同步配合，是指在分时走势图下方的成交量变化的每一个波峰对应的都是分时走势小波段的每一个高点，局部放量对应的是股价冲高的波段，而局部缩量对应的是股价回调的阶段，表示股价的短线走势处于一种稳定的状态中。

实例分析

平安银行（000001）量价同步配合，短期走势稳定

如图 2-40 所示为平安银行在 2019 年 1 月 24 日的分时图。

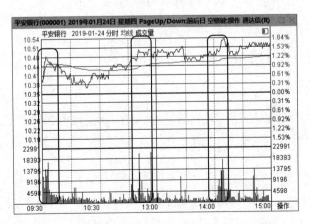

图 2-40 平安银行 2019 年 1 月 24 日的分时图

由图中可知，平安银行 2019 年 1 月 24 日的股价走势中，每次成交量放

量都对应了股价的上涨，为量价的同步配合形态，并且股价的上涨并没有遭遇来自空方势力的打压，表明此时盘内的局势稳定，股价处于上涨状态，并且短期内将继续处于该种趋势。

如图 2-41 所示为平安银行 2018 年 12 月至 2019 年 3 月的 K 线走势。

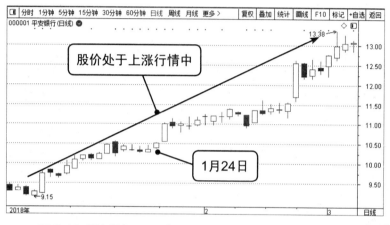

图 2-41　平安银行 2018 年 12 月至 2019 年 3 月的 K 线走势

由图可知，股价此时正处于上涨状态，并且在一段时间内也保持了继续上涨的趋势，投资者可以比较放心的介入。

NO.018　解读量价反向配合分时图

量价反向配合与量价同步配合恰恰相反，它是指在分时图下方的成交量变化的每个波峰对应的都是股价分时走势小波段的每个低点。局部放量集中于股价下跌的波段，而股价反弹上涨的波段，成交量表现出缩量形态。

这种分时量价形态表示股价向上震荡时力度减弱，短线走势处于一种弱势调整状态中，后市有可能继续下行。

实例分析

中洲控股（000042）量价反向配合，弱势形态

如图 2-42 所示为中洲控股在 2018 年 11 月 20 日的分时图。

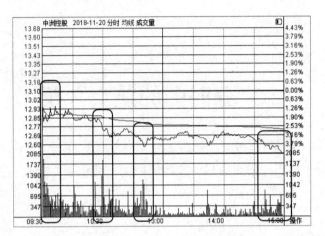

图 2-42 中洲控股 2018 年 11 月 20 日的分时图

由图中可知，中洲控股的股价在交易日内处于稳步下跌的状态，并且每次下跌都伴随着成交量的放大，为量增价跌的形态，量价呈反向配合，这表示此时盘内的空方势力比较强，股价处于较为弱势的阶段，后市继续下跌的可能性也比较大，如图 2-43 所示为中洲控股 2018 年 10 月至 2019 年 1 月的 K 线走势。

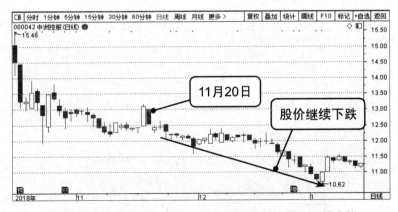

图 2-43 中洲控股 2018 年 10 月至 2019 年 1 月的 K 线走势

由图中可知，中洲控股的股价在此时正处于下跌阶段，因此盘内的分时图表现出量价反向配合的状态，贴合此时的股价弱势表现，后市股价继续呈下跌走势。

2.3　分时图的跳空分析

跳空形态在股价走势中比较常见，指当日的 K 线与上一交易日的 K 线之间因盘内走势原因形成缺口，这种缺口的形成也是一种具有分析意义的走势形态。

小贴士　*跳空缺口出现的回补*

在跳空缺口出现之后，股价一般都会因为惯性而出现一个回补的行为，即如果在上涨走势中出现跳空形态，则短期内股价会调整回跌，补齐缺口；下跌趋势的跳空缺口出现之后亦然。但是也有可能股价表现比较强势，而没有回补过程。

NO.019　上涨行情的跳空分析

上涨行情的跳空形态需要分析股价此时所处的阶段，如果处于上涨初期，表明多方主力拉升股价的意图很明显，投资者可以在回补之后介入，稳定持股待涨；如果是在上涨中期出现跳空，那么股价的回补调整过程可能持续一段时间；如果在股价上涨较长时间，且涨幅已经较大的时候出现跳空，那么投资者则需要提高警惕，此时主力拉高出货的可能性极大，投资者不能坐以待毙，发现不错的时机就可以将持股抛售。

下面来看一个上涨高位跳空的案例。

实例分析

*ST 康达（000048）高位跳空开盘，主力撤退

如图 2-44 所示为 *ST 康达在 2018 年 11 月 20 日的分时图。

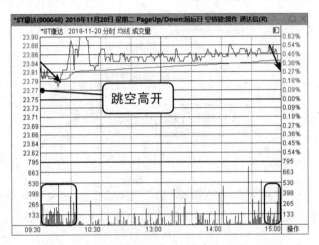

图 2-44　*ST 康达 2018 年 11 月 20 日的分时图

由图中可知，*ST 康达的股价在 2018 年 11 月 20 日属于跳空高开，盘内震荡的形态，并且可以发现，开盘初期成交量较为密集，但股价却出现下行，尾盘时也出现同样的现象，当日的股价与成交量形态属于反向配合的形态。

当日股价虽然强势高开，但是盘内卖盘较多，且跳空形成的缺口会在后市出现回补，股价后市会比较危险。

下面结合股价的前期走势来进行分析预判，如图 2-45 所示为 *ST 康达在 2018 年 10 月至 12 月的 K 线图。

由图中可以看出，*ST 康达的股价在前期处于上涨的形态，并且涨势较为强势，连续收出阳线，在 11 月 19 日和 20 日两天内，都出现跳空向上的缺口形态，连续跳空，且股价处于较高位置，后市的走势回补向下的可能性很高，并且盘内表现出量价反向的状态，此时盘内的反转意味会比较浓，

为安全意见，投资者可以先行卖出，待股价经过这一波震荡，走势稳定之后再行买入。

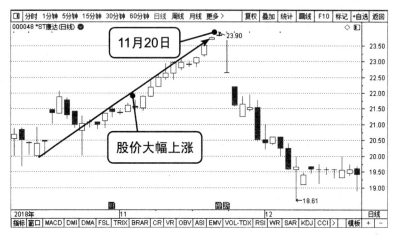

图 2-45 *ST 康达 2018 年 10 月至 12 月的 K 线走势

NO.020 下跌行情的跳空分析

下跌行情中出现跳空形态，根据股价所处下跌行情的阶段不同而具有不同的分析意义。如果在下跌初期出现这种形态，表示盘内的多方主力撤离战场，散户纷纷弃股出场，股价呈现出一泻而下的形态，后市的跌幅虽然会减小，但是下跌大势不可逆转。

如果在下跌的末期出现跳空形态，此时股价虽处于下跌状态，但是因为前期已大幅下跌，此时的跌幅是比较小的，出现跳空，是主力为取得更低价位的筹码而打压股价所致。

实例分析

华锦股份（000059）低位跳空，多方吸筹

如图 2-46 所示为华锦股份在 2019 年 1 月 21 日的分时图。

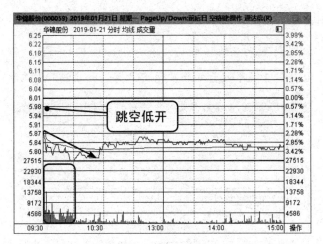

图 2-46 华锦股份 2019 年 1 月 21 日的分时图

由图中可知，华锦股份的股价在跳空低开之后，股价处于小幅震荡的走势，盘内的成交量集中于开盘阶段，盘内当日走势表现为弱势，结合当时的大趋势再来进行分析。如图 2-47 所示为华锦股份在 2018 年 11 月至 2019 年 2 月的 K 线走势。

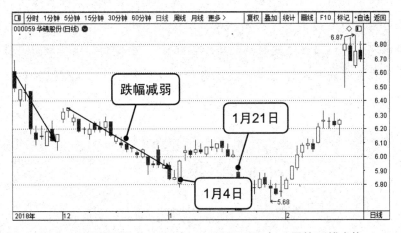

图 2-47 华锦股份在 2018 年 11 月至 2019 年 2 月的 K 线走势

由图中可知，华锦股份的股价在前期一直处于下跌走势中，且跌幅在逐渐减弱，说明此时盘内的空方对于股价的打压力度在降低，股价的下跌走势已逐渐接近末期。

股价在出现向下跳空缺口之前，有一次小幅度的上涨，来观察一下这一波上涨开始的那根实体较长的阳线盘内走势，如图 2-48 所示。

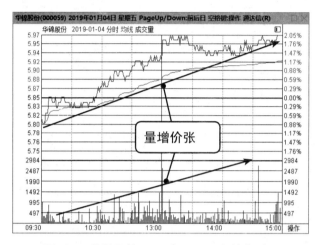

图 2-48 华锦股份 2019 年 1 月 4 日的分时图

由图中可知，该股当天量价呈现出同步配合的形态，即量增价涨，表明此时盘内多方力量已经开始积极推动股价上扬，并且在一段时间内股价确实出现上涨，而在这波涨幅之后于 1 月 21 日出现向下跳空缺口，说明多方为了在更低价位取得筹码而打压股价，投资者可待股价明显出现涨势时再介入。

第 **3** 章

学会看K线，
分析短期买卖机会

　　K线是股市分析中的基本分析技术，因为它是最基本的价格变动数据。因此，掌握K线技术的秘诀乃其他技术分析手段之本。本章我们将会介绍一些比较明显的K线组合，来进行短期的走势预判。

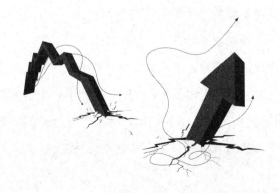

3.1 预示上涨趋势的K线组合

单根K线的可以展示股价盘内的走势情况，并不具有指示意义。而几根K线的组合形态，就具有一定的指示意义。下面来认识一些具有预示上涨的K线组合形态。

NO.021 红三兵组合

红三兵亦称"三红兵"，它是由3根阳线依次上升组成的形态，是一种很常见的K线组合。这种K线组合出现时，后势看涨的情况居多。如图3-1所示为红三兵的基本形态。

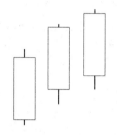

图 3-1 红三兵基本形态

红三兵组合具有以下特征。

◆ 连续出现3根阳线，每天的收盘价高于前一天的收盘价。

◆ 每天的开盘价在前一天阳线的实体之内。

◆ 每天的收盘价在当天的最高点或接近最高点。

◆ 红三兵所连成的3根阳线实体部位一般等长。

红三兵组合如果出现在下降趋势中，一般为反转上涨的信号；如果股价在较长时间的横盘后出现红三兵的组合形态，并且伴随着成交量的逐渐放大，则是走势启动的前奏，投资者应引起密切关注。

实例分析

上海机场（600009）震荡走势中出现红三兵，走势变盘

如图 3-2 所示为上海机场在 2018 年 11 月至 2019 年 2 月的 K 线走势。

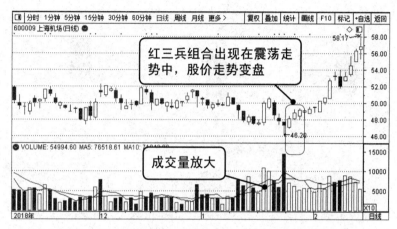

图 3-2 上海机场 2018 年 11 月至 2019 年 2 月的 K 线走势

由图中可知，上海机场的股价在 2018 年 11 月至 2019 年 1 月下旬均处于幅度较大的震荡形态，从这一期间的股价走势中并没有明显的变盘信号，但是震荡走势终将结束，后市必定会变盘。

2019 年 1 月底时，股价拉出 3 根阳线，并且每天的收盘价都高于前一天的收盘价，为比较标准的红三兵组合形态，可以看出，此阶段的成交量也是逐渐放大，盘内局势逐渐明朗，后市将会结束横盘开始上涨。投资者可以在红三兵正式形成的下一个交易日进行买入。

> **小贴士** *判定红三兵是否有效的方法*
>
> 红三兵是否有效在于 3 根 K 线要有一定的实体（开盘价–收盘价）长度，与有无上下影线无关，但对于上下影线的长度有一定的要求，即无论是上影线还是下影线，其长度不能超过 K 线的实体。

NO.022 多方炮

多方炮是两根阳线中间夹一根阴线的 K 线组合，它的出现代表股价调整形态的结束。如图 3-3 所示为多方炮组合的基本形态。

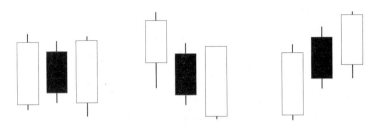

图 3-3 多方炮的基本形态

多方炮组合具有以下的研判方法和意义。

◆ 两根阳线中间夹一根阴线，后一根阳线实体越大越好，如中间一根星线，特别是红星，后面涨势能量更强。

◆ 第二根阳线要站在均线之上，均线要呈多头向上之势。

◆ 具备了前两个条件的多方炮组合也未必会上涨，还必须看量能的态势，其基本要求是超过前面的成交量，应在 3 倍以上或是近期最大的当日成交量。

◆ 符合前面 3 个条件的多方炮组合出现后，后市将出现的是中期行情，而不是两三天的短期行情，所以会有一波 10% ~ 15% 的涨幅。因此。投资者不要见微涨就出手手中的股票，从而错失大的利润。

小贴士 *哑炮与多方炮*

当多方炮形态出现后，股价未必一定上涨，接下来的走势十分关键：如果接下来股价出现跳空上行或继续放量上攻的情形，表明多方炮的技术意义有效，这时称之为多方开炮，两阳夹一阴的 K 线组合亦称"炮台"，表明后市股价有上升空间。如果接下来股价没有出现跳空向上涨升或继续放量上攻的情形，多方炮将变成哑炮，股价将回落到原来的整理区间继续盘整，甚至于会出现向下破位的情形。

实例分析

中洲控股（000042）上行走势中出现多方炮，后市持续上涨

如图 3-4 所示为中洲控股在 2019 年 1 月至 3 月的 K 线走势。

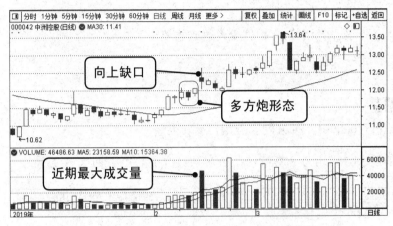

图 3-4 中洲控股 2019 年 1 月至 3 月的 K 线走势

由图中可知，中洲控股的股价在前期处于缓慢上行的走势，并且上行过程中出现了较长时间的整理形态。进入 2 月中旬时，股价已位于 30 日均线之上，并走出多方炮组合形态，且在下一个交易日股价跳空高开。如图 3-5 所示为中洲控股在 2019 年 2 月 19 日的分时图。

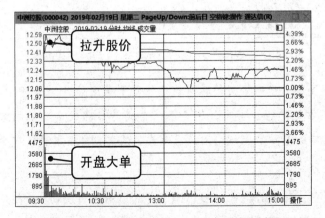

图 3-5 中洲控股 2019 年 2 月 19 日的分时图

由图中可知，中洲控股在 2019 年 2 月 19 日属于跳空高开，开盘后出现大单拉升股价，后续走势虽然有所下降，但是整体比较平稳，并没有跌破前一个交易日的收盘价，与前日 K 线之间形成明显的缺口形态，并且从 K 线图中可以看出，该日的成交量为近期最大单日成交量。

这几个特征均具备，表明多方炮形态有效，后续股价将以该形态作为炮台，继续一段时间的上涨走势。

实例分析

平安银行（000001）多方炮变哑炮，反转无望

如图 3-6 所示为平安银行在 2018 年 10 月至 12 月的 K 线走势。

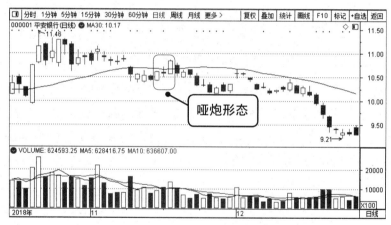

图 3-6 平安银行 2018 年 10 月至 12 月的 K 线走势

由图中可知，平安银行的股价前期处于下跌走势中，在 2018 年 11 月中旬出现了多方炮的组合形态，但是下一个交易日的股价并未向上跳空形成缺口，也没有放量持续上攻，因此该形态仅有其形不具其意，实则是哑炮，后续走势继续下行。

因此，对于投资者而言，多方炮形态的指示意义必须要满足 3 个条件，缺一不可，否则该组合形态对投资者的操作将没有指示意义。

NO.023 早晨之星

早晨之星又称"黎明之星""希望之星"，它是由 3 根 K 线组成的 K 线组合形态，是一种常见的行情见底转势的形态。如图 3-7 所示为早晨之星的基本形态。

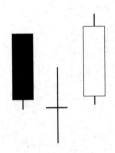

图 3-7 早晨之星的基本形态

早晨之星 K 线形态一般出现在下降趋势的末端，是一个较强的趋势反转信号，较谨慎的投资者可以结合成交量和其他指标分析，得出相应的投资参考。

早晨之星的研判意义如下。

◆ 在下降趋势中某一天出现一根抛压强劲的长阴实体，显示短期走势可能仍然会向下，跌势可能会继续。

◆ 第二天出现一根向下跳空低开的十字形或锤形，且最高价可能低于第一天的最低价，与第一天的阴线之间产生一个缺口，显示跌幅及波幅已略有收缩，带来行情可能转好的信号。具体的第二根 K 线的位置有时会不同，需要灵活把握。

◆ 第三天出现一根长阳实体，买盘强劲，显示市况已转好，逐步收复失地。

实例分析

美丽生态（000010）下跌低位出现早晨之星，股价反转

如图 3-8 所示为美丽生态在 2018 年 12 月至 2019 年 3 月的 K 线走势。

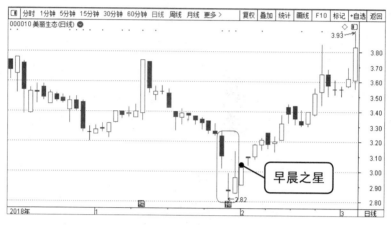

图 3-8 美丽生态 2018 年 12 月至 2019 年 3 月的 K 线走势

由图中可知，美丽生态的股价在 2018 年 12 月至 2019 年 1 月下旬大体形态属于下跌，虽然在 1 月初出现了一次反弹，但被压制下去。到 1 月下旬，股价走出早晨之星组合形态，行情有变盘之意，为了操作安全起见，来分析一下这 3 根 K 线的盘内形态，如图 3-9 所示。

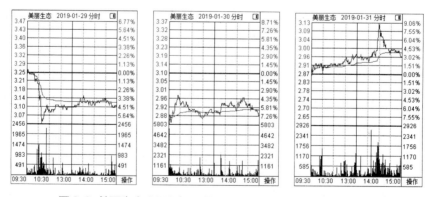

图 3-9 美丽生态 2019 年 1 月 29 日、30 日和 31 日的分时图

由图中可知，美丽生态的股价在这3个交易日内的走势分别是低开低走、低开平走和高开高走，由此可以看出盘内的势力变动情况，多方主力逐渐占据领地，变盘意味明显，投资者可密切关注，积极做多。

NO.024 阳包阴

阳包阴型组合是指第二根阳K线将第一根阴K线从头到脚全部包在里面了，也被称为底部的穿头破脚组合，有行情将要转向的意味。如图3-10所示为阳包阴组合的基本形态。

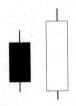

图 3-10 阳包阴型组合的基本形态

阳包阴的研判意义如下。

- ◆ 在下跌趋势中出现。
- ◆ 第二根K线（即阳线）的长度必须足以吃掉第一根K线（即阴线）的全部（上下影线不算）。
- ◆ 两根K线的长度越悬殊，转势的力度就越强。
- ◆ 第二根阳K线的量要明显放大。

小贴士 **阳包阴的买卖点**

当阳包阴组合形态出现后，对于稳健型的投资者，可于形态完成次日，逢低介入；对于激进型的投资者，可于形态出现当日的尾盘，果断跟进。

实例分析

深康佳 A（000016）下跌低位出现阳包阴，股价反转

如图 3-11 所示为深康佳 A 在 2018 年 12 月至 2019 年 2 月的 K 线走势。

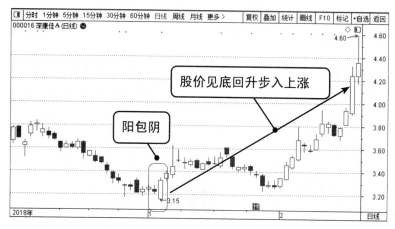

图 3-11 深康佳 A 在 2018 年 12 月至 2019 年 2 月的 K 线走势

由图中可知，深康佳 A 的股价在前期处于下跌走势，进入 2019 年 1 月，股价逐步止跌，并在低位走出阳包阴的组合形态。来看一下这一组合形态的盘内走势，如图 3-12 所示。

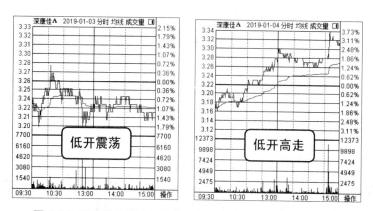

图 3-12 深康佳 A 在 2019 年 1 月 3 日和 1 月 4 日的分时图

由图中可知，深康佳 A 的股价在两个交易日内分别属于低开震荡横盘

和低开高走的走势，并且在 2019 年 1 月 4 日的股价当日涨幅收于 3.11%，当日尾盘出现大单，股价随之上涨，属量价同步配合状态。来看一下 1 月 4 日尾盘时的成交情况，如图 3-13 所示。

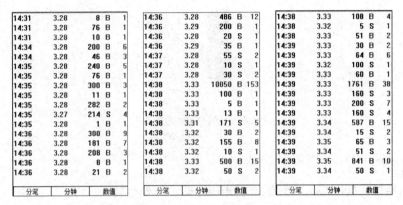

图 3-13 2019 年 1 与 4 日尾盘成交情况

由图中可以看出，深康佳 A 在 1 月 4 日尾盘的时候，出现较为密集的成交现象，并且出现多笔大单买入的情况，可见多方已然入场，并且在尾盘做出明显的拉升动作，说明多方已经准备启动股价，吸筹过程已初步完成。

对于投资者而言，在尾盘时介入或者在下一个交易日中介入均可，此时多方主力拉升意图已经显现，后市将会迎来上涨。

NO.025 阴孕阳

阴孕阳指前日走出一根中阴线或大阴线，次日股价高开高走，在前日阴线内部收出一根中小阳线，即俗称的腹中孕线。这种组合通常预示多头反击，后市看涨。

阴孕阳组合形态的研判意义如下。

◆ 前期股价大幅下跌或回调到位，随时有上涨的可能。

◆ 下跌时成交量明显萎缩，说明下跌动能衰竭。

◆ 如果后市股价继续上涨，则可初步确认股价走势反转。

如图 3-14 所示为阴孕阳组合的基本形态。

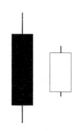

图 3-14 阴孕阳组合的基本形态

实例分析

神州高铁（000008）下跌低位出现阴孕阳，股价反转

如图 3-15 所示为神州高铁在 2018 年 11 月至 2019 年 3 月的 K 线走势。

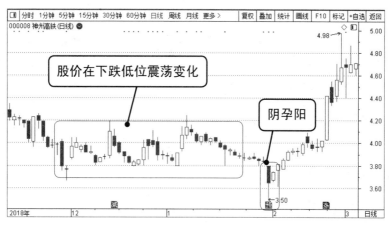

图 3-15 神州高铁 2018 年 11 月至 2019 年 3 月的 K 线走势

由图中可知，神州高铁的股价在 2018 年 11 月至 2019 年 1 月下旬处于下跌后震荡的走势。

在 2019 年 1 月 31 日，股价下跌跌破前期震荡横盘的支撑价位，当日的股价收出较长的下影线，单日跌幅为 5.21%，下一交易日股价却一反之前的颓势，高开高走，收出2.75%的涨幅。

阳线的实体被完全包含在前一根阴线实体内，形成阴孕阳的组合形态，来看一下这两个交易日的盘内走势，如图3-16所示。

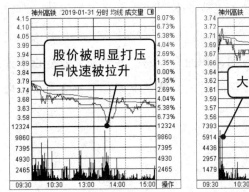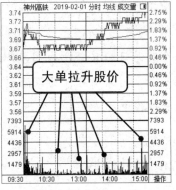

图3-16 神州高铁2019年1月31日和2月1日的分时图

由图中可知，神州高铁的股价在2019年1月31日时，低开低走，并在下午开盘后有一次明显的打压下跌走势，但是此次打压下跌也在短时间内被拉升回到原价位，表明此时盘内的多空双方有过一次交锋。如图3-17所示为2019年1月31日该阶段的成交量情况。

13:15	3.63	205	S	1		13:19	3.62	1	B	1		13:26	3.55	535	B	9
13:15	3.64	422	B	4		13:19	3.62	229	B	4		13:26	3.55	31	B	2
13:15	3.64	25	S	2		13:19	3.61	31	S	3		13:26	3.55	8	B	1
13:15	3.64	219	S	1		13:19	3.62	22	B	1		13:26	3.55	418	B	7
13:15	3.64	500	S	1		13:19	3.61	187	S	8		13:26	3.55	20	B	1
13:15	3.64	6	S	2		13:19	3.61	10	S	1		13:26	3.55	1303	B	11
13:15	3.64	202	B	4		13:19	3.62	254	B	9		13:26	3.55	832	B	14
13:15	3.63	501	S	2		13:19	3.61	56	S	1		13:26	3.55	30	B	1
13:16	3.64	41	B	1		13:19	3.61	998	S	28		13:26	3.54	594	S	14
13:16	3.63	191	S	5		13:19	3.61	38	S	4		13:26	3.54	20	B	2
13:16	3.64	54	B	2		13:20	3.61	374	S	16		13:26	3.54	58	B	2
13:16	3.63	182	S	11		13:20	3.61	937	B	6		13:26	3.54	63	B	3
13:16	3.63	213	S	11		13:20	3.60	1203	S	45		13:27	3.54	608	B	16
13:16	3.63	2951	S	40		13:20	3.61	6021	B	194		13:27	3.54	141	B	6
13:16	3.62	243	S	12		13:20	3.60	1428	S	40		13:27	3.54	145	B	7
13:16	3.64	1009	B	3		13:20	3.61	140	B	3		13:27	3.54	54	B	2
13:16	3.63	58	S	2		13:20	3.60	506	S	13		13:27	3.54	108	B	6
分笔	分钟	数值				分笔	分钟	数值				分笔	分钟	数值		

图3-17 2019年1月31日下午盘的成交情况

由图中可知，在下午盘阶段盘内的多空双方交战较为激烈，每次出现大量大单卖出都会紧跟着大单的买入，说明盘内有多方主力的支撑力量，拉升股价回到较为稳定的价位。

而2月1日的股价走势就更为明显，股价盘内高开高走，并且量价呈现出同向配合状态，每次成交量的放大都伴随着股价的上涨，盘内多方较为强势。

两个交易日的K线形成阴孕阳组合形态，并且盘内能看出多方对股价的支撑力量，后市看涨，为保险起见，投资者可在下一交易日，即股价继续上涨的过程中入场。

NO.026 双针探底

双针探底组合由两根K线组成，具体是指在邻近的两根K线中，均带有较长的下影线，且两根长线的下影线的最低价相同或接近，它的两根长下影线就像两根"探"雷针，探明股价的底部。如图3-18所示为双针探底的基本形态。

3-18 双针探底的基本形态

双针探底形态基本上都发生在一段下降行情中，突然有一日收一根带长下影线的K线，随后市场在很近的时间区域内，同样再收一根带长下影线的K线，而且这两根K线的最低价非常的接近甚至相同。

在这种情况下，预示着空头力竭，底部基本确认，市场可能即将转势，多头将展开反攻。

双针探底组合的研判意义如下。

◆ 组合必须出现在低位，如果所处的位置偏高，即前期的下跌幅度小
于20％时，就应慎重操作。

◆ 组合中的"两针"可以是紧密相连的两根大线的长下影线，也可以
是中间隔有几根大线的"两针"走势，但相隔的天数不能过多，多
于5根以上K线的双针探底形态就变成"双底"形态了。但二者操
作基本一致。

◆ 组合形态出现后，股价一般是立即反弹，走出一波气势不凡的上涨
行情。但有的股票双针探底形态出现后，仅向上"虚晃一枪"就跌
了下来，经过一段时间的调整后，才正式展开上升攻势。碰到这一
情况时，投资者应耐心等待，适时还可补仓。

实例分析

世纪星源（000005）下跌低位出现双针探底，股价反转

如图3-19所示为世纪星源在2018年8月至11月的K线走势。

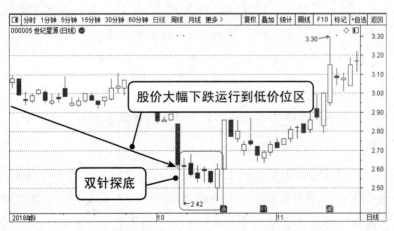

图3-19 世纪星源2018年8月至11月的K线走势

由图中可知，世纪星源的股价在2018年8月至10月初处于下跌走势，

在 10 月 12 日股价低开低走，出现长下影线，当日盘内最低价为 2.42 元，之后的第 5 个交易日，股价低开高走，同样收出较长下影线的长线，盘内最低价为 2.43 元，低位接近，下影线均较长，形成双针探底组合形态，后市股价看涨。

具体分析探底的这两个交易日盘内的价格走势，如图 3-20 所示为 2018 年 10 月 12 日和 10 月 19 日的分时图。

图 3-20 世纪星源 2018 年 10 月 12 日和 10 月 19 日的分时图

由图中可知，世纪星源股价在 2018 年 10 月 12 日盘内形成 V 形走势，即出现大幅下跌后立马反弹，显示出股价在低位有支撑，10 月 19 日时午盘开始后，股价出现大幅拉升，显示主力拉动股价的意图非常强烈。

这两日的股价最低位接近，并且盘内可以看出支撑力量和拉升力量，多方入驻的意味已非常明显，后市股价将会出现强势上涨，如图 3-21 所示为世纪星源 10 月 22 日的分时图。

由 2018 年 10 月 22 日的分时图中可见，世纪星源的股价当日高开高走，并于盘中强势涨停，虽然后面涨停板被打开，但是尾盘时股价再次涨停，并牢牢封住涨停板，直至收盘。在双针探底组合形态出现的下一交易日，股价便涨停，显示出多方主力的强势，虽然盘中涨停板多次被打开，但在当日尾盘时都被封住，表明多空双方交战中多方占据明显的优势。

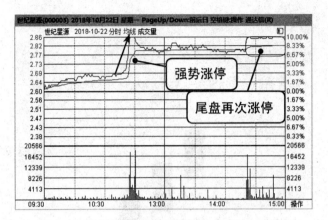

图 3-21 世纪星源 2018 年 10 月 22 日的分时图

来看一下盘内多方主力强势封住涨停板时的成交状态，如图 3-22 所示。由图可知，盘中频繁出现大单买入，显示主力明显进入的痕迹，更加确定股价见底回升，后市看涨。

14:21	2.86	22	B	1		4:22	2.85	50	S	3		14:46	2.85	1	S	1
14:21	2.86	79	B	2		4:22	2.85	6	S	1		14:47	2.85	20	S	1
14:21	2.86	139	B	3		4:22	2.85	14	B	1		14:47	2.85	151	S	1
14:21	2.86	3942	B	93		4:22	2.84	20	S	1		14:47	2.86	1614	B	38
14:21	2.86	328	B	9		4:22	2.85	31	B	1		14:47	2.86	10	B	1
14:21	2.86	120	B	2		4:22	2.85	5	B	1		14:47	2.86	5	B	2
14:21	2.86	2221	B	48		4:22	2.86	6238	B	97		14:47	2.85	100	S	1
14:22	2.86	78	B	8		4:22	2.86	100	B	3		14:47	2.86	50	B	5
14:22	2.85	110	S	7		4:23	2.86	76	B	5		14:47	2.86	3372	B	47
14:22	2.86	556	B	16		4:23	2.85	19	B	1		14:47	2.86	1500	B	29
14:22	2.85	162	S	2		4:23	2.85	19	S	3		14:47	2.86	202	B	2
分笔	分钟	数值				分笔	分钟	数值				分笔	分钟	数值		

图 3-22 世纪星源 2018 年 10 月 22 日盘内成交情况

3.2 预示下跌趋势的 K 线组合

特殊的 K 线组合除了可以预示股价上涨之外，也有一些组合预示股价下跌，下面来认识一下。

NO.027 三只乌鸦

三只乌鸦组合是指 3 根向下的阴线持续下跌的形态，它是红三兵的反面"副本"，后市看跌。如图 3-23 所示为三只乌鸦的基本形态。

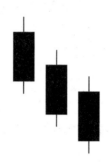

图 3-23 三只乌鸦的基本形态

如果在股价上升趋势中出现三只乌鸦的组合形态，表明当前股价要么靠近顶部，要么已经有一段时间处在一个较高的位置了，出现此类 K 线组合形态预示股价后势将会迎来一波下跌。

三只乌鸦组合形态特征及研判意义如下。

◆ 在上升趋势中连续 3 天出现长阴线。

◆ 每根阴线的收盘价低于前一天的最低价。

◆ 每天的开盘价在前一天的实体之内。

◆ 每天的收盘价等于或接近当天的最低价。

◆ 如果每根阴线几乎没有上下影线，就称之为"三胎乌鸦"，表示后市下跌的概率更大。

实例分析

中国国贸（600007）上涨高位出现三只乌鸦，股价反转

如图 3-24 所示为中国国贸 2018 年 7 月至 8 月的 K 线走势。

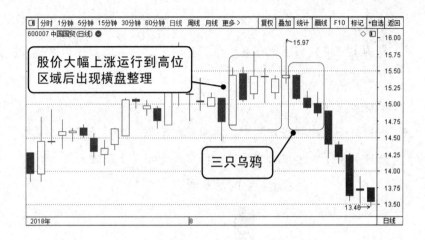

图 3-24 中国国贸 2018 年 7 月至 8 月的 K 线走势

由图中可知，中国国贸在 2018 年 7 月至 8 月初处于上涨走势，进入 8 月之后，股价开始在高位横盘调整，在 8 月 15 日、16 日和 17 日的 3 个交易日股价均收出阴线，并且每根阴线的收盘价都低于前一天的最低价，收盘价均接近当日的最低价，为典型的三只乌鸦组合形态，后市果然进入一波下跌走势。投资者在发现股价形成该组合形态之时，应立即出局，待这一波下跌结束之后，再行打算。

NO.028 空方炮

空方炮也称两阴夹一阳，它是一种 K 线组合形态。其形态就是两根较大的大阴线夹着一根小阳线，3 根 K 线呈下跌趋势，阴线的顶部尽量低，阳线的实体尽量短，该形态发出一种强烈的看空信号。

空方炮组合的研判意义如下。

◆ 在多空双方的力量对比中，空方取得支配地位，多方虽有反抗，但力量微弱，明显不敌空方，后市看跌。

◆ 在涨势已持续很长时间或股价有了很大涨幅后出现空方炮组合，是头部信号。第一天阴线可能是庄家大量出货，将股价压低，由于长期的上涨使人们逢低即买，第二天买入盘涌入收阳线，第三天庄家见高价再次大量出货，再收阴线。这样股价会在大量抛售的情况下继续往下跌。

◆ 两阴夹一阳出现在跌势中，后市继续看跌。此时多方的力量已经十分微弱，下跌途中虽有反抗，但却改变不了下跌的大局。

如图 3-25 所示为空方炮组合的基本形态。

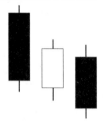

图 3-25 空方炮组合的基本形态

实例分析

华电国际（600027）上涨高位出现空方炮，股价反转

如图 3-26 所示为华电国际在 2018 年 6 月至 8 月的 K 线走势。

图 3-26 华电国际 2018 年 6 月至 8 月的 K 线走势

由图中可知，华电国际的股价在 2018 年 7 月下旬处于阶段高位横盘的走势，并在进入 8 月后，收出空方炮的组合形态。来看一下这 3 个交易日的盘内走势，如图 3-27 所示。

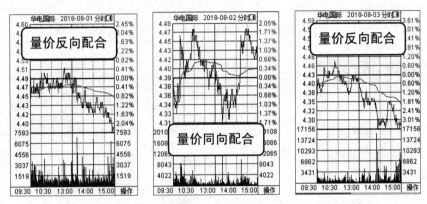

图 3-27 华电国际 2018 年 8 月 1 日、2 日和 3 日的分时图

由图中可知，8 月 1 日成交量放大，股价下跌，显示出交易日内有大单出局，股价被压低，在尾盘时该现象最为明显；8 月 2 日盘内股价震荡幅度较大，大起大落，量价同向配合；8 月 3 日盘内量价呈反向配合形态，显示资金继续流出。来看一下震荡幅度较大的 8 月 2 日的盘内成交情况，如图 3-28 所示。

09:25	4.41	183		09:34	4.35	599	S	09:36	4.34	30	B
09:30	4.41	73	S	09:34	4.35	116	B	09:37	4.34	198	B
09:30	4.40	237	B	09:34	4.34	618	S	09:37	4.33	117	S
09:30	4.39	436	S	09:34	4.35	173	B	09:37	4.33	15	S
09:30	4.40	37	B	09:34	4.35	3	S	09:37	4.33	31	S
09:30	4.39	137	S	09:34	4.35	6	S	09:37	4.34	6	B
09:30	4.37	235	S	09:34	4.35	8	S	09:37	4.34	9	B
09:30	4.37	7	S	09:34	4.35	14	S	09:37	4.33	184	S
09:30	4.37	6	S	09:34	4.34	10	S	09:37	4.34	6	B
09:30	4.38	229	B	09:34	4.34	127	S	09:37	4.33	515	S
09:30	4.37	33	S	09:34	4.35	43		09:37	4.33	1520	S
09:30	4.37	1	S	09:34	4.35	50	B	09:37	4.33	1195	S
09:30	4.38	3	B	09:34	4.35	69	B	09:37	4.33	95	B
09:30	4.37	96	S	09:34	4.35	309	S	09:37	4.33	1200	S
09:30	4.37	11	B	09:34	4.34	250	S	09:37	4.34	14	S
09:30	4.37	13	B	09:34	4.34	102	B	09:37	4.33	1	S
09:30	4.36	227	S	09:35	4.34	534	S	09:37	4.34	10	B

| 分笔 | 分钟 | 数值 | | 分笔 | 分钟 | 数值 | | 分笔 | 分钟 | 数值 | |

图 3-28 华电国际 2018 年 8 月 2 日盘内成交情况

由图中可知，盘内的买入成交量以小单为主，卖出成交量以大单为主，反映主力以大单出货，而散户以小单接盘的现象，表明主力资金正处于出货阶段，此时盘内走势反转意味已很明显，因此在 8 月 3 日时，股价失去主力资金的支持，一泻千里。

NO.029 乌云盖顶

乌云盖顶组合是较为常见顶部形态之一，由一阴一阳两根 K 线组成，一般出现在上升趋势之后，发出看跌反转的信号。如图 3-29 所示为乌云盖顶组合的基本形态。

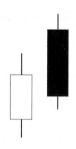

图 3-29 乌云盖顶组合的基本形态

乌云盖顶组合的研判意义如下。

◆ 第二根 K 线应高开于第一根 K 线的最高价之上，但收盘价大幅回落，深入到第一根 K 线实体部分的一半以下，否则分析意义不大。而且深入的幅度越大，见顶信号越强烈。

◆ 第二根 K 线在开盘阶段曾经向上突破明显的阻力位后掉头向下，说明多头上攻乏力，大势见顶的迹象已经显露。

◆ 第二根 K 线的成交量需明显放大，说明市场主力高位派发的意愿已经很强烈行情见底，后市看跌。

实例分析

丰原药业（000153）阶段高位出现乌云盖顶，股价反转

如图 3-30 所示为丰原药业 2018 年 10 月至 12 月的 K 线走势。

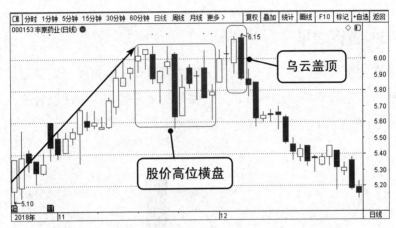

图 3-30 丰原药业 2018 年 10 月至 12 月的 K 线走势

由图中可知，丰原药业的股价在 2018 年 10 月至 11 月中旬处于上涨走势，之后股价在阶段高位调整横盘，调整走势持续到 12 月初。在 12 月 5 日和 12 月 6 日，K 线形成乌云盖顶组合形态，并且 12 月 6 日的盘内最高价 6.15 元为阶段性的最高价，但是出现最高价后股价并未一路上涨，而是持续下行，如图 3-31 所示为丰原药业 2018 年 12 月 6 日的分时图。

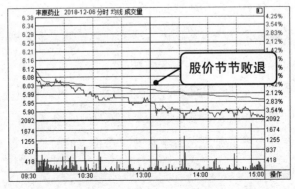

图 3-31 丰原药业 2018 年 12 月 6 日的分时图

由图中可知，丰原药业的股价在开盘短期内创出最高价后，便一直处于下跌状态，并且颓势一发不可收拾，多头上攻乏力，大势见顶的迹象已经显露，后市股价果然节节败退。

NO.030 黄昏之星

黄昏之星又称"暮星"，它是一种类似早晨之星的 K 线组合形式，但它一般出现在股价的阶段高位，是较强烈的上升趋势中出现反转的信号。如图 3-32 所示为黄昏之星组合的基本形态。

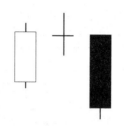

图 3-32 黄昏之星组合的基本形态

黄昏之星是由 3 根 K 线组成的转向形态，通常在一个上升趋势后出现，黄昏之星组合的研判意义如下。

- ◆ 第一根 K 线为承接前期上升走势的大阳线，显示买盘强劲。
- ◆ 第二根 K 线为出现在缺口高开后的十字星。此信号显示买方压力逐步得以舒缓，价格大有可能已见顶。倘若第二根 K 线有着较长的上影线，股价转向信号的可能性更大。
- ◆ 第三根 K 线为沽盘强劲的阴线，必须深入到第一根阳线的中心以下。此时股市情况已发生根本的转变，跌势一直持续到收市。
- ◆ 黄昏之星充当顶部的概率非常高，在牛市的后期，要特别警惕这种反转信号。

实例分析

穗恒运A（000531）阶段高位出现黄昏之星，股价弱势

如图3-33所示为穗恒运A在2018年10月至12月的K线走势。

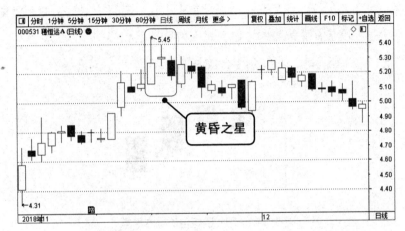

图 3-33 穗恒运A在2018年10月至12月的K线走势

由图中可知，穗恒运A的股价在2018年10月至11月中旬处于上涨走势，在11月16日、19日和20日3个交易日的K线组成形成了黄昏之星，并且11月16日创出阶段高位5.45元，之后股价回落于当日股价上涨幅度的1/2处，股价见顶意味浓厚，此时投资者应该提高警惕，在黄昏之星组合完全形成后，投资者就应该出局，以保证资金安全。

NO.031 一阳九阴

一阳九阴组合是指先出现一根长阳线，随后出现数根小阴线并且全部小阴线都没有超过第一根长阳线实体范围的组合形态，连续小阴线的数量不一定是9根，只要有两根或两根以上的小阴线紧随其后，就表示该K线组合形态已经成立。

一阳九阴组合形态的研判意义如下。

◆ 如果该 K 线组合形态在下降趋势中出现，则表明暂时性的反弹对股价的企稳没有实质性的帮助，行情在经过短暂的整理后仍然将继续下跌。

◆ 如果该 K 线组合形态在上涨趋势中出现，表明个股的上升行情即将告一段落，股价极有可能见短期的阶段性头部。

如图 3-34 所示为一阳九阴组合的基本形态。

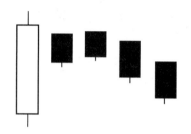

图 3-34 一阳九阴组合的基本形态

实例分析

海马汽车（000572）阶段高位出现一阳九阴，股价弱势

如图 3-35 所示为海马汽车 2018 年 10 月至 2019 年 1 月的 K 线走势。

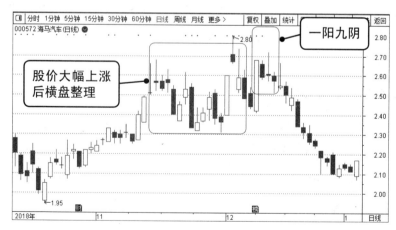

图 3-35 海马汽车 2018 年 10 月至 2019 年 1 月的 K 线走势

由图中可知，海马汽车的股价在 2018 年 10 月至 12 月初处于上涨后横盘调整的走势，12 月 10 日股价收出大阳线，单日涨幅 9.84%，显示出多方的强势。

但是在接下来的几个交易日内均收出实体较短的小阴线，并且这些阴线的实体均包含在阳线实体范围以内，形成一阳九阴的组合形态，预示股价在横盘阶段已经创出阶段性顶部，后市股价上涨无望，将迎来一波下跌。

下面通过几根小阴线的盘内走势来进行全面分析，如图 3-36 所示。

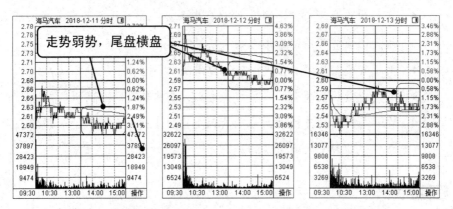

图 3-36 海马汽车 2018 年 12 月 11 日、12 日和 13 日的分时图

由图中可知，海马汽车的股价在这 3 个交易日中表现均比较弱势，每次出现拉升便被打压，以横盘震荡的形态收盘，并且盘中成交量均较为密集，显示多空双方在盘内交战较为激烈，此时投资者应该提高警惕。

在 12 月 14 日，股价收出长上影线小阳线时，盘内局势已经基本明朗，多方控盘无力，后市将迎来一波下跌走势。

NO.032 平顶

平顶组合是指股价在上涨途中，出现一根 K 线的最高价与后面一根或几根相邻 K 线的最高价相同的现象，如图 3-37 所示为平顶组合的基本形态。

图 3-37 平顶组合的基本形态

平顶组合的研判意义如下。

◆ 在平顶组合形态的各种具体分类中，前一根 K 线是阳线，后一根 K 线是阴线的 K 线组合形态具有实际指示作用。

◆ 两根 K 线实体越长，说明转势效果越明显。

◆ 有成交量明显放大的平顶组合形态，具有较高的准确研判性。

◆ 在一段时间内连续两次或两次以上出现上述几种情况的平顶组合形态，说明股价即将出现转势。

实例分析

东风汽车（600006）阶段高位出现平顶组合形态，股价弱势

如图 3-38 所示为东风汽车 2018 年 10 月至 12 月的 K 线走势。

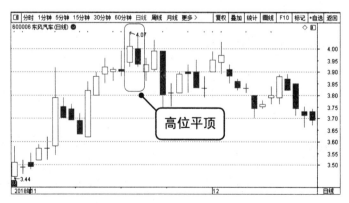

图 3-38 东风汽车 2018 年 10 月至 12 月的 K 线走势

由图中可知，东风汽车的股价在2018年10月至11月中旬处于上涨状态，11月19日股价创出阶段性高位4.07元，下一交易日股价的盘内最高价为4.06元，形成平顶组合形态。如图3-39所示为东风汽车2018年11月19日和11月20日的分时图。

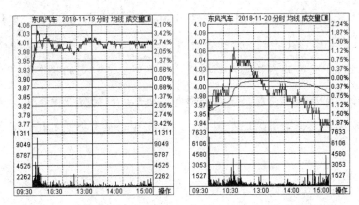

图3-39 东风汽车2018年11月19日和11月20日的分时图

由图中可以明显看出，东风汽车的股价在这两个交易日中表现出平稳到弱势的状态，联系前期股价的持续上涨，可以联想到此时多方已显现出疲态，后市股价将不会如前期表现强势，而会进入调整或下跌的走势。

来看一下这两个交易日内的成交量统计情况，如图3-40所示。

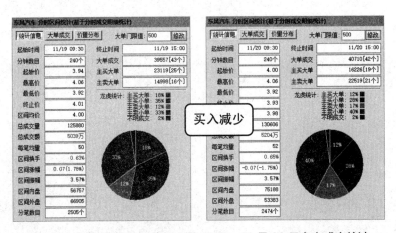

图3-40 东风汽车2018年11月19日、11月20日盘内成交统计

由图中可知，东风汽车的盘内成交统计情况在 2018 年 11 月 19 日，买入大单占比 18%，小单买入占比 35%，买入合计占比 53%；大单卖出占比 12%，小单卖出占比 33%，卖出合计占比 45%。

在接下来的 11 月 20 日，大单买入占比 12%，小单买入占比 28%，买入合计占比 40%，买入量相对于 11 月 19 日而言有所减少；大单卖出占比 17%，小单卖出占比 40%，卖出合计占比 57%，远大于买入占比的比值，可见在短短两个交易日内，盘内的持股已经表现出不稳定的状态。

对于投资者而言，在平顶组合形态完全形成的时候，便是出局的时候，因为后市股价无论是下跌还是调整，对于投资者而言都是不利的消息。

从零开始
学股市技术分析大全

第 4 章

看懂形态，
抓住股票的操作时点

K线技术除了可以利用K线组合来进行分析外，还可以利用多根K线的中期走势形态来进行分析，并且这是一种信号更为明确的分析方法。本章我们来了解一些具有指示含义的K线形态。

4.1 整理形态的实战分析

整理形态即为市场的横向运动,它是原有趋势的暂时休整。股价走势在上升或下降过程中,有时需要休整一下,在图形上就形成了调整形态。由于技术力量的变化和不同,因此调整形态会形成各种不同的形态。但这种调整形态并没有改变原先股价走势的方向。

NO.033 三角形整理形态应用

三角形整理形态是指股价在调整过程中形成三角形的形态,即股价调整震荡的幅度逐渐缩小,至最后股价震荡幅度最小时便是该形态完成的时候,股价突破三角形形态时,发出买卖信号。三角形的调整形态共分 3 种,分别是对称三角形、上升三角形和下降三角形,下面来具体介绍。

(1)对称三角形形态

对称三角形形态表示在股价盘整中买卖双方的力量均衡,因此震荡区间呈对称三角形形态,交易量也逐渐缩小,当股价结束调整状态继续原有趋势运行时,交易量会增加,如图 4-1 所示。

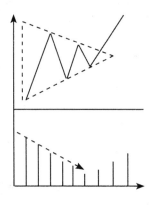

图4-1 对称三角形形态

实例分析

富奥股份（000030）上涨阶段出现对称三角形形态，后市上涨持续

如图 4-2 所示为富奥股份在 2019 年 1 月至 3 月的 K 线走势。

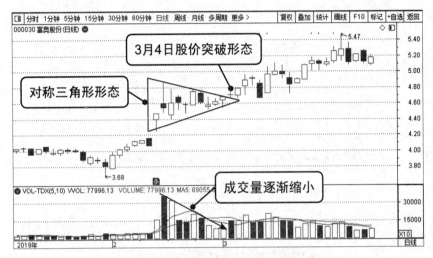

图 4-2 富奥股份 2019 年 1 月至 3 月的 K 线走势

由图中可知，富奥股份的股价在 2019 年 2 月启动上涨，2 月中旬，股价一个跳空高开，开始进入调整形态，测算调整阶段的高位和低位，结合成交量的变动情况，发现为对称三角形形态。3 月 4 日，股价突破整理形态，伴以成交量放大，后续持续上涨。

来观察一下突破当日的盘内走势，如图 4-3 所示为富奥股份在 2019 年 3 月 4 日的分时图。

由图中可知，富奥股份当日股价属于高开，但是盘内走势震荡幅度较大，并且从成交量来看，每次下跌都伴随大量成交，盘内打压力量较为强大，但是每次下部的支撑力量都能支撑股价的拉升，当日的 K 线形态为十字星，在多方主力的支撑下，当日股价收盘时回到开盘价附近，显示买方的力量较为雄厚。

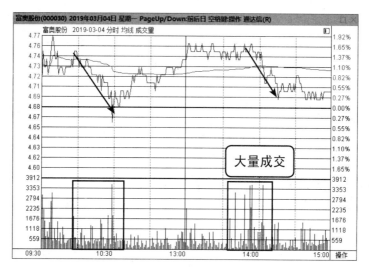

图 4-3 富奥股份 2019 年 3 月 4 日的分时图

来看一下多方主力的盘内支撑情况以及大量吸筹的价位，如图 4-4 所示。

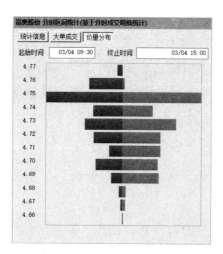

图 4-4 富奥股份 2019 年 3 月 4 日的分时区间统计

由图中可知，富奥股份的股价在 2019 年 3 月 4 日盘内多空双方交战的价位为 4.75 元，该价位上的多空双方的成交量最大，在该价位以下，空方大量出售，多方承接，并且在该价位以上，多方也有大量买入，以稳定和拉升股价，可以明显看出多方主力的拉升意图，后续股价将持续一段时间的上涨走势。

在上涨走势中，股价突破对称三角形形态，后续持续上涨，在下跌走势中亦然。

（2）上升三角形形态

上升三角形形态是指在调整过程中，空方有明显的打压价位，因此形态的上边线为水平方向，如图4-5所示。

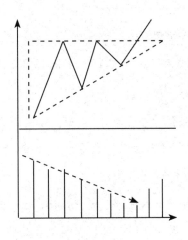

图4-5 上升三角形形态

上升三角形形态也表示在股价盘整中买方的力量不断增强，多次冲击空方的打压价位，交易量由大到小，显示盘内持股力量逐渐稳定，当股价突破阻力线向上时，前期观望的投资者会入市持仓，因此交易量会出现增加，后市展望良好。

实例分析

中国联通（600050）上涨阶段出现上升三角形形态，后市持续上涨

如图4-6所示为中国联通在2018年12月至2019年3月的K线走势。

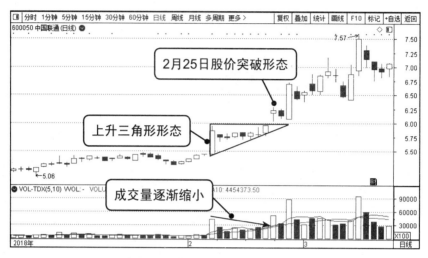

图 4-6 中国联通在 2018 年 12 月至 2019 年 3 月的 K 线走势

由图中可知，中国联通的股价在进入 2019 年后，有小幅的上涨，因涨幅较小，成交量基本保持平稳，2 月 13 日，股价走出一根大阳线，单日成交量明显放大，领着股价进入上升三角形调整形态。2 月 25 日股价高开高走，突破调整形态，后续股价继续上涨。

来观察股价在三角形调整形态中股价触及上方压力价位的盘内交易情况，如图 4-7 所示为 2 月 13 日和 2 月 22 日的盘内成交情况。

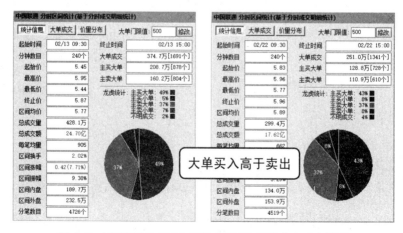

图 4-7 中国联通 2 月 13 日和 2 月 22 日的盘内成交情况

由图中可知，在 2 月 13 日股价进入调整阶段时，盘内大单买入占比为 54%，2 月 22 日股价调整阶段的最后一日时，盘内大单买入占比 51%，显示在调整阶段买方一直表现较为强势。在此阶段中，仍然有不断的买盘出现，因此当股价突破上升三角形形态时，观望的投资者入市，成交量继续放大，推动股价的又一波上涨。

（3）下降三角形形态

下降三角形形态表示在盘整中卖方的力量在不断增强，交易量由大到小；当股价跌破支撑线向下时，交易量增加，后市展望不乐观。这种形态释放出卖出清仓的信号，如图 4-8 所示。

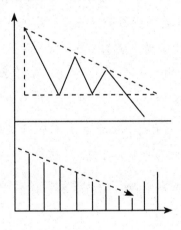

图 4-8　下降三角形形态

在下降三角形形态中，下边线呈水平方向，可以明显地看出买方对股价的支撑，但是卖方不断打压股价下跌，并且跌破该支撑后，买方无力抵挡，后市股价会继续下跌。

实例分析

亚星化学（600319）下跌阶段出现下降三角形形态，后市持续下跌

如图 4-9 所示为亚星化学在 2018 年 6 月至 10 月的 K 线走势。

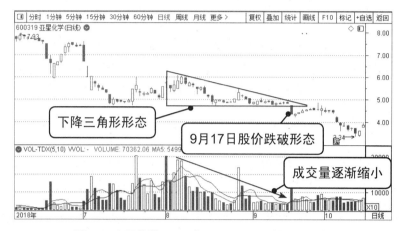

图4-9 亚星化学2018年6月至10月的K线走势

由图中可知,亚星化学的股价在2018年6月处于下跌走势,至7月中旬,股价小幅止跌,开始横盘走势。进入8月,股价开始出现明显震荡的形态,且震幅逐渐缩小,成交量也随之缩小,并且可以看出震荡过程中股价几次下跌的价位接近,连线发现该震荡形成下降三角形的形态。

9月17日,在连续小幅震荡走势之后,股价低开低走,跌破了前期的低位,并且当天成交量放大,来看一下当天的盘内走势,如图4-10所示。

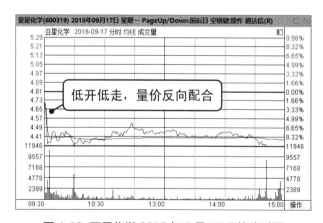

图4-10 亚星化学2018年9月17日的分时图

由图中可知,亚星化学当日的股价开盘后成交量迅速放大,并且股价急剧下跌，5分钟内股价跌幅便达到8%，可见盘内出逃量之大。继续来看下当日的大单成交情况，如图4-11所示。

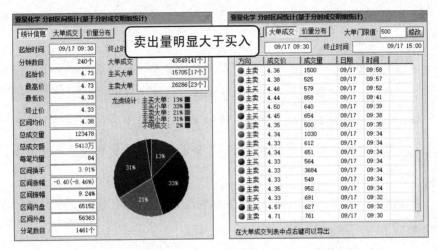

图4-11 亚星化学2018年9月17日盘内成交情况

由图中可知，亚星化学当日开盘后的大单基本为卖出方向，当日内的主卖成交占比为52%，主买成交占比为46%，空方强势打压，盘内大量持股者出逃，后市走势将会继续持续一段时间的下跌。

NO.034 矩形整理形态应用

矩形整理形态是指股价在调整过程中高点和低点分别在同一水平位上，类似矩形，也被称为箱体形态，如同股价被关在一个箱子里面，上面有盖，下面有底，而股价在两层夹板之间来回运动。

矩形整理形态的特征及研判方法如下。

◆ 既可以在涨势中出现，也可以在跌势中出现。

◆ 股价在上下距离相近的水平位置中作上下波动，将高点和低点分别连线，就构成一个长方形的图形，最后寻求向上或向下突破。

◆ 在矩形形成过程中，成交量不断减少，向上突破必须有成交量激增的配合，向下跌破则不一定放量。

◆ 矩形形成时，如果成交量持续在较高水平，则很可能是主力机构托盘出货，即使往上突破也要防止是一个多头陷阱，投资者对此要高度警觉。

◆ 在矩形整理中，由于突破方向不定，投资者最好以观望为宜，因为它向上向下突破都有可能，过早进入将陷于被动。

◆ 如果股价盘整后向上突破，投资者可在突破上边时或回抽上边受支撑回升时买进。如果向下突破，持股者要在股价跌破下边线时止损离场。

根据形态出现的走势，我们将矩形整理形态分类为上升矩形形态和下跌矩形形态，如图 4-12 所示。

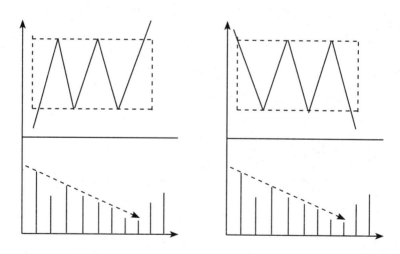

图 4-12 上升矩形形态（左）和下降矩形形态（右）

实例分析

上海电力（600021）上涨阶段出现矩形整理形态，突破后继续上涨

如图 4-13 所示为上海电力 2018 年 11 月至 2019 年 3 月的 K 线走势。

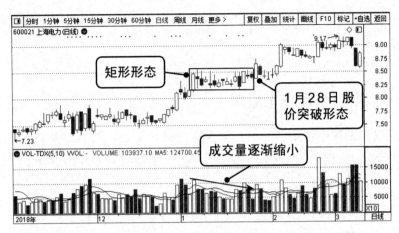

图4-13 上海电力2018年11月至2019年3月的K线走势

由图中可知，上海电力的股价在前期处于上涨走势，进入2019年，股价开始震荡调整，阶段内的高点和低点各自在水平位上，阶段内的成交量逐渐缩小，形成矩形整理形态。1月28日，股价向上突破该形态，当日成交量放大，为有效突破，后市继续上涨走势。来看一下突破当日的盘内走势，如图4-14所示。

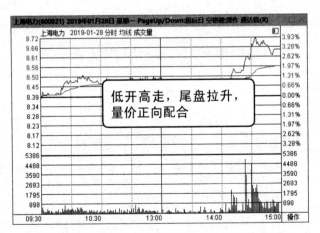

图4-14 上海电力2019年1月28日的分时图

由图中可知，上海电力1月28日股价突破矩形整理形态时，盘内的走势为低开高走，尾盘出现拉升，成交量放大，为量价正向配合形态，显示多方主力的拉升意图。至此，宣告调整结束，后市将继续拉升。对于投资者而言，可在股价出现明显上涨时跟进。

NO.035 楔形整理形态应用

在股价走势中，出现一种类似楔形的整理形态，其外形类似三角形，但是没有三角形的封口形态。楔形整理形态也可分成上升楔形和下降楔形两种，如图 4-15 所示。

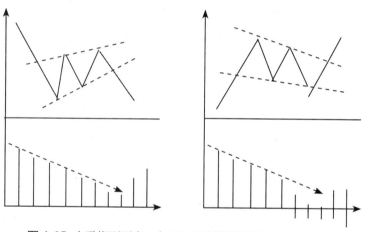

图 4-15 上升楔形形态（左）和下降楔形楔形（右）

楔形形态的研判意义如下。

◆ 上升楔形是在股价下降走势中常出现的一种调整形态。这种图形展示后市走势不乐观，是一种表示可以卖出的图形.

◆ 下降楔形是在股价上升走势中常出现的调整形态。这种形态展示后市走势良好，是一种表示可以买进的图形。

实例分析

青山纸业（600103）上涨阶段出现下降楔形形态，后市持续上涨

如图 4-16 所示为青山纸业 2018 年 9 月至 2019 年 2 月的 K 线走势。

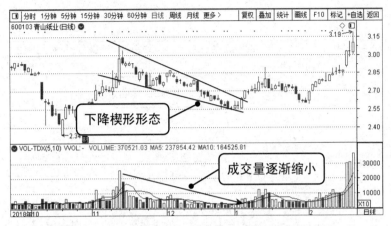

图 4-16 青山纸业 2018 年 9 月至 2019 年 2 月的 K 线走势

由图中可知，青山纸业的股价在 2018 年 10 月下旬创出了 2.34 元的低价后开始反转上涨，伴随成交量的放大。进入 11 月中旬，股价在 3 元价位线上涨受阻后开始震荡下行，成交量也在这次震荡过程中表现出缩小，并且股价震荡的幅度也逐渐缩小，形成上涨走势中的下降楔形形态，显示多方主力的洗盘行为。

进入 2019 年，成交量继续保持稳定缩小，洗盘结束，股价开始上涨。对于投资者而言，可以根据前期走势，画出楔形形态的上下边线，当股价突破上边线并且持续上行时，便是买入时机。

实例分析

当代明诚（600136）下跌阶段出现上升楔形形态，后市持续下跌

如图 4-17 所示为当代明诚在 2018 年 8 月至 12 月的 K 线走势。

由图中可知，当代明诚的股价在 2018 年 8 月时处于下跌走势，进入 9 月后，股价开始震荡上行，根据震荡阶段的高低点，可以画出该阶段的上下两边线，观察同时期的成交量，也出现逐渐缩小的形态，从而判断该形态为上升楔形形态，在 9 月底，连续大阴线拉低股价跌破该形态的下边线时，为多方力量被空方强势打压，后市继续下跌的信号，投资者应继续保持观望或尽快抛售。

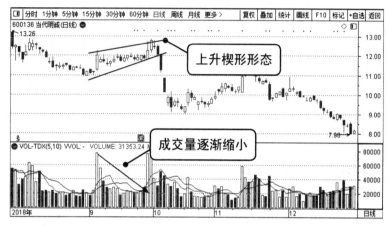

图 4-17 当代明诚 2018 年 8 月至 12 月的 K 线走势

4.2 反转形态的实战分析

在对 K 线图的分析中，某些形态的出现就意味着股价的反转，我们将其称为反转形态，下面来具体了解几种常见反转形态的应用。

NO.036 双重底形态应用

双重底也被称为 W 形底，是指股价在连续二次下跌的低点大致相同时形成的股价走势图形，该形态一般出现在股价下跌的末期，市场里股票的出售量减少，股价跌到一定程度后，已经没有继续下跌的可能，后市上涨的可能性很大。

双重底形态的研判意义如下。

◆ 股价持续下跌到某一价位后出现技术性反弹，但反弹幅度不大，时间亦不长，股价又再下跌，当跌至上次低点时却获得支持，再一次回升，这次回升时成交量要大于前次反弹时的成交量。

◆ 两个跌至最低点的连线叫支撑线，两个低点为支撑点，两个低价支撑点位置相当，而且在整个股价走势中，股价的变动与持仓量的变动呈同一方向变化。

◆ 在双重底形成的过程中，如果股价从第二个支撑点反弹后，出现了第三次回跌，其跌幅不得超过第二次跌幅的 1/3，而后立刻反弹，创造新的高点。只有在这种情况下，才能确认双重底已经形成，否则股价可能仍处于低位调整期。

◆ 在两个底部中第二个底部的位置更高，意味着市场做多的力量占据上风，否则就表明当前走势是弱势的，即这种双底是很弱的。

◆ 在形态形成的上涨过程中有成交量的配合，在下跌过程中成交量与前期相比也是明显放大的，表明有新资金介入，成交量越大越好；如果是缩量直接涨停则是更强的表现。只有具备这两个基本特征，才能判断走势已经企稳，后市有一轮上涨行情。

如图 4-18 所示为双重底的基本形态。

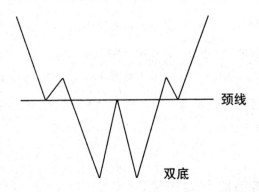

图 4-18 双重底的基本形态

实例分析

万科 A（000002）下跌低位出现双重底形态，后市反转上升

如图 4-19 所示为万科 A 在 2018 年 7 月至 2019 年 1 月的 K 线走势。

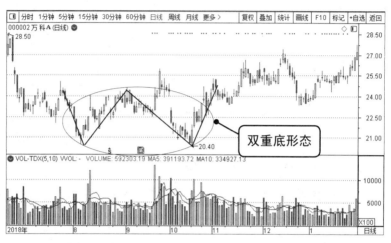

图 4-19　万科 A 在 2018 年 7 月至 2019 年 1 月的 K 线走势

由图中可知，万科 A 的股价在第一轮下跌中出现低点 20.52 元，之后股价震荡上行后再次下跌，此次下跌的低点价位为 20.40 元，两个低点价位接近，并且在该走势中，当股价上涨时都伴随着放量，股价下跌时为缩量状态，符合双重底形态的判定原则。

但是观察发现，该形态的形成时间长达 3 个月，并且在形成过程中持续震荡，判断该阶段盘内的多方并没有完全占据上风，并且形态中的第二个低位相较于第一个低位要低，为弱势的双重底形态，因此在后市，多方的拉升之路并没有一帆风顺，而是震荡上行。在这样的走势中，比较适合进行中长期的操作。

NO.037　双重顶形态应用

双重顶又称双顶或 M 头，由两个较为相近的高点构成，其形状类似于

英文字母"M"，因而得名。

双重顶形态是在股价上涨至一定阶段之后形成的，该形态出现两个顶峰，分别成为左峰和右峰。理论上，双重顶的两个高点应基本相同，但在实际 K 线走势中，左峰一般比右峰稍低一些，相差 3% 左右比较常见。另外，在第一个高峰形成回落的低点，在这个位置画水平线，就形成了通常说的颈线，当股价再度冲高回落并跌破颈线支撑时，双重顶形态正式宣告形成。

双重顶形态的研判意义如下。

- ◆ 在形成第一个头部时，其回落的低点约是第一个高点的 10% ~ 20% 左右。

- ◆ 双重顶形态有时候不一定都是反转信号，如果长时间没有向下跌破颈线支撑，将有可能演变为整理形态。这需要由两个波峰形成的时间差决定，时间间隔越大，有效性越高。通常两个高点形成的时间间隔超过一个月的比较常见，但如果日 K 线双重顶的时间间隔超过半年，其判断价值就很小。

- ◆ 双重顶形成两个高峰过程都有明显的高成交量配合，这两个高峰的成交量同样也会尖锐和突出，在成交量柱状图中形成两个高峰。但第二个高峰的成交量较第一个显著收缩，反映市场的购买力量在减弱。如果同比反而放大，双顶形态则有失败的可能。

- ◆ 两个顶峰形成，股价有效跌破颈线后，双重顶形态才能宣告形成。之后股价会有短暂的反抽动作，但将遇阻颈线，同时反抽不需要成交量的配合亦可。

- ◆ 双重顶形态正式形成，股价正式跌破颈线支撑，持股者应及时清仓，持币者应继续持币观望。

- ◆ 在颈线没有被有效跌破之前，不可先入为主断定其为双重顶。

如图 4-20 所示为双重顶的基本形态。

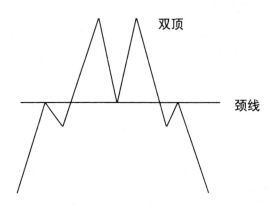

图 4-20 双重顶的基本形态

实例分析

深康佳 A（000016）高位出现双重顶形态，后市反转下跌

如图 4-21 所示为深康佳 A 在 2018 年 2 月至 7 月的 K 线走势。

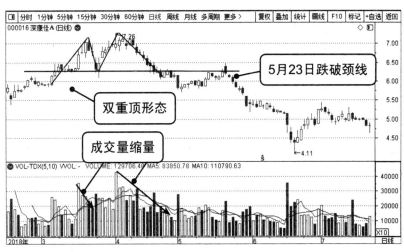

图 4-21 深康佳 A 在 2018 年 2 月至 7 月的 K 线走势

由图中可知，深康佳 A 的股价在 2018 年 2 月至 3 月中旬都处于上涨走势，3 月 21 日，股价创出阶段性最高价 7.12 元；之后股价回跌，同期成交量缩小，

在几个交易日的下跌之后，股价再次回升，创出新高7.26元，之后股价再次下跌，成交量继续缩量。

这两次股价创出的阶段性高点接近，并且两次下跌都伴随着成交量的缩小，形态上来看属于双重顶的形态，有了这个猜测之后，我们就来观察一下股价在后市能否跌破颈线。

在连续的下跌之后，5月初，股价开始回抽，但是回弹幅度很小，根据前期形态，我们在K线图上绘制了平行线（颈线），5月22日，股价突破了颈线价位，但是盘内没有保持，高开低走，收出阴线，后一个交易日，股价低开低走，与前一日的阴线之间形成缺口，跌破了颈线。来看一下当日的盘内走势，如图4-22所示。

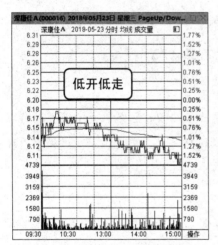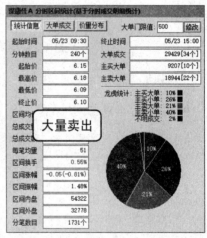

图4-22 深康佳A在2018年5月23日盘内情况

从分时图中可见，深康佳A当日的走势为低开低走，并且盘中和尾盘时股价受到打压，震荡下跌，直至收盘也没有扭转局势。而盘内的成交量情况也是卖出量远大于买入量，盘内以空方势力为主。至此，双重顶形态被证明有效，持股者应及时清仓，不可再等待观望。

NO.038 头肩底形态应用

头肩底是一种趋势反转形态，它通常在行情下跌尾声中出现，发出看涨信号，图形以左肩、底、右肩及颈线构成，如图 4-23 所示为头肩底的基本形态。

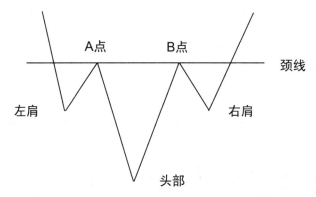

图 4-23 头肩底的基本形态

头肩顶形态的形成原理如下。

◆ 当股价出现急速的下跌，随后止跌反弹，形成第一个波谷，这就是通常说的"左肩"。形成左肩部分时，成交量在下跌过程中出现放大迹象，而在左肩最低点成交量一定大幅萎缩。

◆ 当股价第一次反弹（A点）受阻，股价再次下跌，并跌破了前一低点，之后股价再次止跌反弹形成了第二个波谷，这就是通常说的"头"。

◆ 当股价第二次反弹（B点）再次在第一次反弹高点处受阻，股价又开始第三次下跌，但股价于第一个波谷相近的位置后就不下去了，成交量出现极度萎缩，此后股价再次反弹形成了第三个波谷，这就是通常说的"右肩"。第三次反弹时，成交量显著增加。

头肩底形态的研判意义如下。

◆ 这是一个长期性趋势的转向形态，通常会在熊市的尽头出现，且头肩底形态的形成时间较长，形态也较为平缓。

◆ 头肩底形态突破颈线时必须要有量的剧增才能算有效。

◆ 头肩底形态的价格在突破颈线后更习惯于反抽，原因是落袋为安的交易者比较多。

◆ 头肩底形态的颈线常常向右方下倾，如果颈线向右方上倾，则意味着市场更加坚挺。

◆ 头肩底形态有时会出现一头多肩或多头多肩的转向形态，此类形态较为复杂，但万变不离其宗。值得注意的是，转向形态愈大，后市的升幅越大。

◆ 若是股价向上突破颈线时成交量并无显著增加，很可能是一个假突破，这时投资者应逢高卖出，考虑暂时回避观望。

实例分析

飞亚达 A（000026）低位出现头肩底形态，后市反转上涨

如图 4-24 所示为飞亚达 A 在 2018 年 7 月至 2019 年 3 月的 K 线走势。

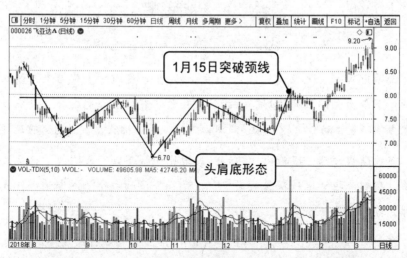

图 4-24 飞亚达 A 在 2018 年 7 月至 2019 年 3 月的 K 线走势

由图中可知，飞亚达 A 的股价在 2018 年 8 月至 2019 年 1 月出现 3 个阶段性低点，这 3 个低点的价位分别是 7.10 元、6.70 元和 7.19 元，两次的阶段性反弹高位分别是 7.98 元和 7.95 元，连接这几个阶段性的高位和低位，绘制出了头肩底形态和对应的颈线。

2019 年 1 月 15 日，股价低开高走，突破了颈线，来看一下当日的盘内走势，如图 4-25 所示。

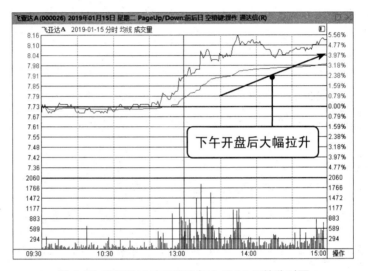

图 4-25 飞亚达 A 在 2019 年 1 月 15 日的分时图

由图中可知，飞亚达 A 在 2019 年 1 月 15 日盘内的走势为上午盘保持平稳，下午盘大幅拉升的形态，并且成交量与股价呈正向配合，表明盘内多方力量一直推动股价的上涨，当日以 5.17% 的涨幅收盘，成功突破颈线。

突破颈线之后，股价出现回抽，表现出小幅下跌，表明经过这几波的涨跌，有部分投资者选择落袋为安，但是此阶段的成交量逐渐缩小，表明此时更多的投资者惜售，都在持股等待。

在小幅回跌之后，股价开始正式拉升，此时是投资者比较安全的介入期，后市股价的上涨之路比较平坦。

NO.039 头肩顶形态应用

头肩顶是在上涨行情接近尾声时的看跌形态，图形以左肩、头部、右肩及颈线构成，如图 4-26 所示为头肩顶的基本形态。

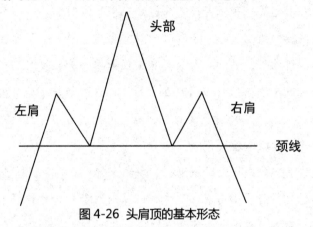

图 4-26 头肩顶的基本形态

头肩顶形态表示股价在上升途中出现了 3 个峰顶，这 3 个峰顶分别称为左肩、头部和右肩。从图形上看，左肩、右肩的最高点基本相同，而头部最高点比左肩、右肩的最高点要高。

股价在上冲失败向下回落时形成的两个低点又基本上处在同一水平线上。这同一水平线，就是通常说的颈线，当股价第三次上冲失败回落时，这根颈线就会被击破，于是头肩顶形态正式宣告形成。

在头肩顶形成过程中，左肩的成交量最大，头部的成交量略小些，右肩的成交量最小。成交量呈递减现象，说明股价上升时追涨力量越来越弱，股价有涨到头的意味。

头肩顶形态的研判意义如下。

◆ 这是一个长期性趋势的转向形态，通常会在牛市的尽头出现。

◆ 当某一股价形成头肩顶雏形时，投资者就要引起高度警惕。这时股价虽然还没有跌破颈线，但可先卖出手中的一些筹码，将仓位减轻，日后一旦发觉股价跌破颈线，就将手中剩余的股票全部卖出，退出观望。

◆ 左肩和右肩的高点大致相等，部分头肩顶的右肩较左肩为低。但如果右肩的高点较头部还要高，形态便不能成立。

◆ 在跌破颈线后可能会出现暂时性的回抽。不过，暂时回升应该不超越颈线水平，假如股价最后在颈线水平回升，而且高于头部，又或是股价在跌破颈线后回升高于颈线，这可能是一个失败的头肩顶，但未"完工"的头肩顶形态说明行情虽然目前还有生命力，真正的反转可能很快就要到来。

◆ 股价跌破颈线3天后不能收于颈线上方，头肩顶形态才算真正形成，不过当头肩顶形态真正完成时，那时可能股价已跌了很多，此时才停损离场，损失就会比较大。

实例分析

中集集团（000039）高位出现头肩顶形态，后市反转下跌

如图 4-27 所示为中集集团 2017 年 10 月至 2018 年 4 月的 K 线走势。

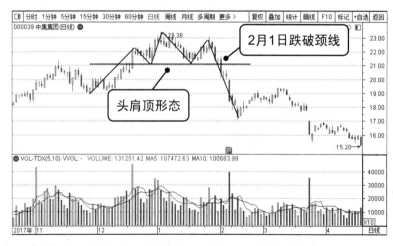

图 4-27　中集集团 2017 年 10 月至 2018 年 4 月的 K 线走势

由图中可知，中集集团的股价在 2017 年 12 月已经处于股价的高位，并且股价在阶段性高位内经过一段时间的震荡走势，形成 3 个阶段性的高点，价位分别是 22.35 元、23.36 元和 23.09 元，回落中形成两个阶段性的低点，分别是 21.08 元和 21.22 元，并且股价在第三个高点形成后并没有继续上涨，而是转而下跌，连接这些高点和低点，组成了高位的头肩顶形态雏形，并且通过阶段性低点找到了颈线的价位为 21.12 元附近，虽然此时股价并没有跌破颈线，但是为安全起见，投资者可以先抛售一部分持股。

2 月 1 日，股价继续向下，跌破了颈线，并且在之后的 3 个交易日内继续向下，至此，头肩顶形态完成，后市股价将继续下跌。来看一下跌破颈线当日的盘内情况，如图 4-28 所示。

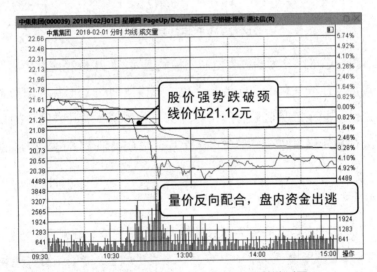

图 4-28 中集集团 2018 年 2 月 1 日的分时图

由图中可知，中集集团在 2018 年 2 月 1 日的盘内量价情况表现为反向配合，股价下跌，成交量放大，表明此时盘内出逃的资金量很大，多方无力阻挡，股价跌破颈线价位，后市走势已明朗，前期观望的投资者应该尽快抛售。

NO.040 V 形底反转形态应用

V 形底又称尖底，是指股价连续长阴下跌到重要支撑位后快速以反转方式连续长阳上攻，形成 V 形反转的底部样式，这是一种变化较快、转势力度极强的反转形态，如图 4-29 所示为其基本的形态。

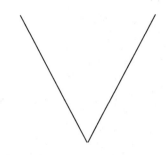

图 4-29 V 形底的基本形态

V 形底形态可以分为两种类型：一种是连续长阴下跌见底后，底部不作整理，直接以连续长阳的方式展开上攻，形成典型的 V 形底底部形态；另一种是连续长阴下跌见底后，股价在底部不作整理，展开一两天的长阳上攻后，进行强势横盘整理，然后再次上攻，形成类似于半边头肩形的 V 形底部形态。

V 形底形态的研判意义如下。

◆ V 形底在转势点必须要有明显的大成交量配合，否则形态不能确立。

◆ 在 V 形底反转当天，日 K 线往往形成十字星，带长下影阳线或大阳线等形态，V 形底的涨势迅猛，常令人意想不到。

◆ V 形底不易在图形完成前被确认，在遇到疑似 V 形底的情况下，已经买进的投资者则应随时留意股价的发展方向，保守的投资者则可等到以大成交量确认 V 形底反转形态时，再追买。一旦 V 形底形成，投资者要敢于进场抄底，前期下跌的幅度越大，则后市上涨的空间就越大，不要错失制胜的良机。

实例分析

德赛电池（000049）低位出现 V 形底形态，后市反转快速上涨

如图 4-30 所示为德赛电池 2018 年 6 月至 2019 年 2 月的 K 线走势。

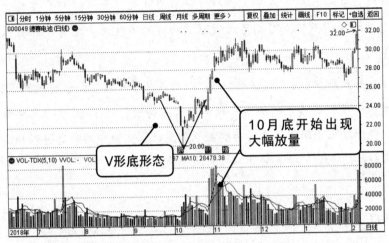

图 4-30 德赛电池 2018 年 6 月至 2019 年 2 月的 K 线走势

由图中可知，德赛电池的股价在 2018 年 6 月至 10 月均处于下跌走势，前期下跌较为平稳，在 10 月 11 日和 10 月 12 日，连续两个交易日股价出现杀跌现象，如图 4-31 所示为这两个交易日的盘内走势。

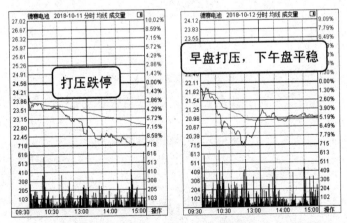

图 4-31 德赛电池 2018 年 10 月 11 日和 10 月 12 日的分时图

由图中可知，德赛电池的股价在2018年10月11日受到来自空方的打压，以跌停收盘。10月12日，股价开盘后，经历了盘内的 V 形走势，而后股价回升，平稳运行至收盘，这两日的股价走势稍显异常，在出现跌停的下一交易日股价能够盘内恢复并且保持平稳直至收盘，表明盘内有支撑力量，并且支撑力量并不弱，因此可以猜测该两日的下跌为多方为了以更低价位获得筹码，而主动采取的操作手法。

在这两日后，股价开始回升，阶段内的成交量要明显大于前期的成交量，表明盘内成交开始活跃，陆续有投资者入仓持股，到了 10 底，成交量大幅放大，股价收出大阳线，此时为转势点。至此，V 形底的形态得到确认，后市股价会继续上涨，投资者的买入时机到来。

NO.041 尖顶形态应用

尖顶形态表现为股价快速上扬随后快速下跌，头部为尖顶，转势点有较大的成交量，有行情触顶暴跌的含义，发出强烈的卖出信号。当尖顶形态出现时，股价回落速度很快，投资者应及时停损离场。如图 4-32 所示为尖顶的基本形态。

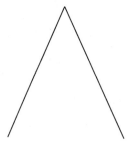

图 4-32 尖顶的基本形态

尖顶形态的研判意义如下。

◆ 股价快速上扬随后快速下跌，成交量上的变化为随着股价的上涨而减少，表现为多头力量减弱，获利抛压加大，随后形成头部为尖顶。

- 在转势点有较大的成交量，并且换手率也很高，主力出逃迹象已经很明显，空头力量占上风，随后形势急转直下。
- 投资者按照倒 V 形顶形态卖出股票后，可以观察该股的后续走势。如果股价能够重新上涨，并突破尖顶形态的最高点，则表示尖顶形态失效，投资者可以重新考虑买入该股。

实例分析

常山北明（000158）高位出现尖顶形态，行情见顶回落

如图 4-33 所示为常山北明 2018 年 2 月至 8 月的 K 线走势。

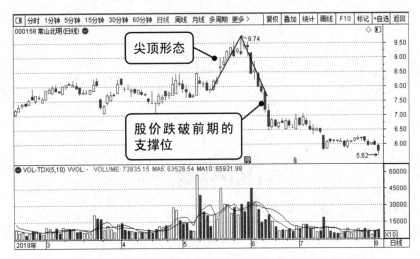

图 4-33 常山北明 2018 年 2 月至 8 月的 K 线走势

由图中可知，常山北明的股价在 2018 年 2 月至 5 月期间，均处于横盘震荡的走势，5 月中旬开始，股价出现明显涨幅，在创出阶段性高点 9.74 元之后，股价转而下跌，连续收出较长实体的阴线，走势形成尖顶形态。

2018 年 6 月 15 日和 6 月 19 日，股价继续收阴，并且跌破前期的支撑价位，转势意味明显，此时尚未出局的投资者应尽快抛售持股，待这波下跌结束之后，再行考虑。

NO.042 圆弧顶形态应用

圆弧顶形态又称为圆顶或弧线顶，是指 K 线在顶部形成的圆弧形状。当股价进入上升行情的末期，多头开始遇到阻力，而使股价上升的速度减缓，甚至是下跌，多空双方在高位形成拉锯战，多头由主动进攻变成被动防守，直至上升动力衰竭，形成大幅破位走势，该形态宛如一根圆弧状的曲线，称为圆弧顶。该形态比较少见，它代表着趋势比较平缓的变化。

如图 4-34 所示为圆弧顶的基本形态。

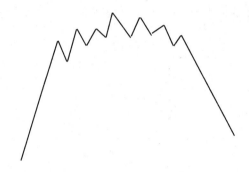

图 4-34　圆弧顶的基本形态

圆弧顶形态的研判意义如下。

- ◆ 在圆弧顶形成过程中，成交量通常也呈现圆弧状，即股价上涨时，成交量增加，在上升至顶部区域时成交量减少；股价下跌时，成交量又开始放大。但有时，成交量没有明显的特征性，呈现不规则的放大和缩小状态，成交散乱。

- ◆ 有时圆弧顶形成后，股价并不会马上下跌，而会形成高位横向盘整。但是盘整区域很快就会被跌破，股价会继续下跌。

- ◆ 圆弧顶构成的时间越长，套牢的筹码就会越多，股价跌破颈线后下跌的力度越强。

- ◆ 当股价跌破颈线时，无论成交量是否放大都应该果断离场。

- ◆ 当颈线不明显时，离场点可以选择下跌速度加快或在图形上已有明显的圆弧状时。

实例分析

美的集团（000333）高位出现圆弧顶形态，后市逆转下跌

如图 4-35 所示为美的集团在 2017 年 6 月至 2018 年 12 月的 K 线图。

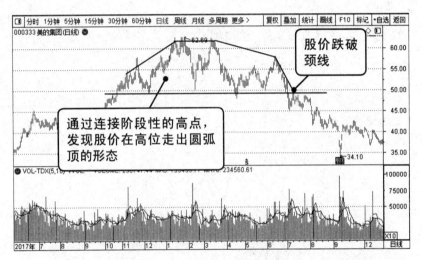

图 4-35 美的集团在 2017 年 6 月至 2018 年 12 月的 K 线图

由图中可知，美的集团的股价在 2017 年至 2018 年年初始终保持上涨，并且逐步步入高位。进入较高价位之后，股价开始横盘震荡，连接这一阶段的相邻高位，发现其形态为圆弧形，根据阶段下跌的低点，绘制出相应的颈线，可以确定该阶段的支撑价位在 49.00 元附近。

2018 年 7 月 2 日，股价低开低走，以 48.68 元收盘，跌破了颈线价位，并且在之后的两个交易日内，股价持续低开低走的走势，并伴随成交量的放大。至此，圆弧顶形态正式形成，后市价格将持续一段时间的下跌，投资者应立即离场。

NO.043 圆弧底形态应用

圆弧底形态表现在 K 线图中宛如锅底状，是由于价格经过长期下跌之后，卖方的抛压逐渐消失，空方的能量基本上已释放完毕，许多的高位深度套牢盘，因价格跌幅太大，只好改变操作策略，继续长期持仓不动。但由于短时间内买方也难以汇集买气，价格无法上涨，加之此时价格元气大伤，价格只有停留在底部长期休整，以恢复元气，行情呈极弱势，该形态也被称之为价格"休眠期"。

如图 4-36 所示为圆弧底的基本形态。

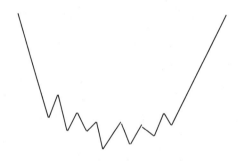

图 4-36 圆弧底的基本形态

圆弧底形态的研判意义如下。

◆ 圆弧底是易于确认和非常坚实可靠的底部反转形态，一旦个股左半部完成后股价出现小幅爬升，成交量温和放大形成右半部圆形时，便是中线分批买入的时机。

◆ 形态内的股价变动简单且连续，先是缓缓下滑，而后缓缓上升，K线连线呈圆弧形。形态的筑底时间越长，底部基础越扎实，日后下跌的可能性越小。

◆ 成交量变化与股价变化相同，先是逐步减少，伴随股价回升，成交量也逐步增加，同样呈圆弧形。

实例分析

徐工机械（000425）低位出现圆弧底形态，股价企稳回升

如图 4-37 所示为徐工机械在 2018 年 8 月至 2019 年 3 月的 K 线图。

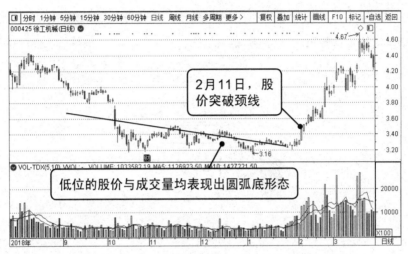

图 4-37 徐工机械 2018 年 8 月至 2019 年 3 月的 K 线图

由图中可知，徐工机械的股价在 2018 年 8 月至 9 月一直处于下跌走势，进入 10 月之后，股价没有继续保持下跌的走势，而是横盘运行，接连几次创出的低位都较为接近，且成交量也保持低迷状态。

连接低位横盘时的阶段性高点找到颈线，在 2019 年 2 月 11 日，股价高开高走，突破了颈线，伴随成交量的放大，并连续 3 个交易日站稳颈线之上。至此，圆弧底形态的反转成功，后市股价开始上涨。

4.3 通过缺口形态判断买卖点

在股价运行过程中，有时候会出现缺口形态，缺口的出现同样具有研

判意义，下面来详细了解。

NO.044 普通缺口

普通缺口是指股价在运行中因为高开高走或低开低走，而在 K 线形态上显示出的不连续形态，如图 4-38 所示。

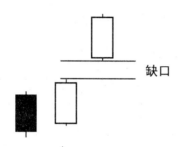

缺口

图 4-38 普通缺口的形态

普通缺口经常会在盘整走势中看到，当缺口出现后，股价一般会在短期内进行回补，但是对股价运行的大趋势没有太大影响，在此时适合进行短期操作。

实例分析

深中华 A（000017）上涨阶段出现缺口，短期内回补

如图 4-39 所示为深中华 A 在 2019 年 2 月至 3 月的 K 线走势。

由图中可知，深中华 A 的股价在 2019 年 3 月 11 日收出阳线之后，于 3 月 12 日跳空开盘，盘内股价高开高走，K 线形态上与 3 月 11 日的 K 线形成缺口。

在缺口出现之后的 3 月 13 日和 3 月 14 日，股价连续两个交易日低开低走，对缺口进行了回补。

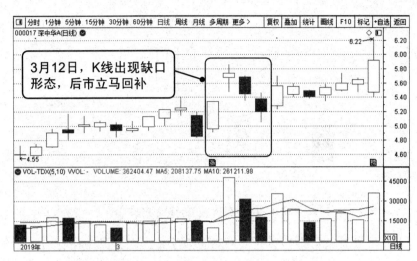

图4-39 深中华A在2019年2月至3月的K线走势

对于股价的运行大趋势来看，3月12日出现的缺口并未对股价走势产生较大影响，它更多的意义在于盘整，对于投资者而言，有短线操作的机会。

NO.045 突破性缺口

突破缺口的分析意义相对于普通缺口而言要大，它经常出现在重要的转向形态中，如头肩式形态的突破时，它的出现可以帮助辨认突破信号的真伪。

如果股价突破支持线或阻力线时形成一个较大的缺口形态，可见突破强而有力。假如缺口发生前有较大的交易量，缺口发生后成交量却相对的减少，则有可能短时间内缺口会得到回补。若缺口发生后成交量加大，则短期内缺口不会得到回补。

突破性缺口的大小能显示突破的强劲，突破缺口愈大表示未来股价的变动越强烈。

如图4-40所示为上涨走势中突破性缺口的基本形态。

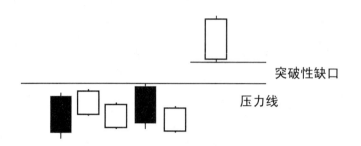

图 4-40 突破性缺口的基本形态

当股价以缺口形态突破低位调整压力线时，视为买入时机；当股价以缺口形态跌破高位支撑线时，视为卖出时机。

实例分析

富奥股份（000030）股价出现突破性缺口，后市强势上涨

如图 4-41 所示为富奥股份 2018 年 10 月至 2019 年 3 月的 K 线走势。

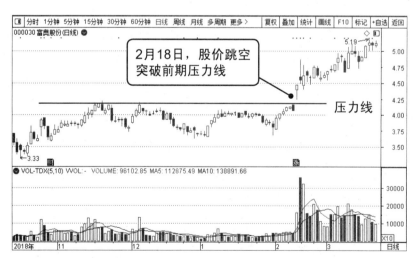

图 4-41 富奥股份 2018 年 10 月至 2019 年 3 月的 K 线走势

由图中可知，富奥股份的股价在 2018 年 10 月至 2019 年 2 月初一直处于震荡调整的走势，并且根据震荡走势的阶段高位，可以绘制出其压力线。

2019年2月18日，股价跳空高开，强势突破了前期的压力价位，以阳线收盘，与前期的K线形成突破性缺口形态，投资者此时可以关注该股，并且同期的成交量放大，表明短期内缺口不会得到回补，此时是投资者介入的好时机。

NO.046 持续性缺口

持续性缺口也被称为度量缺口，通常是在股价突破后远离形态至下一个反转或整理形态的中途出现。该形态能大约地预测股价未来可能移动的距离，其量度的方法是从突破点开始，到持续性缺口始点的垂直距离，就是未来股价将会达到的幅度。

如图4-42所示为上涨过程中持续性缺口的基本形态。

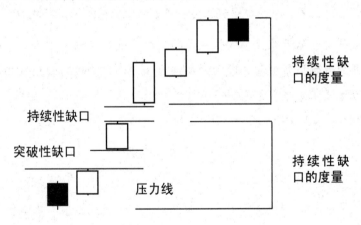

图4-42 上涨过程中持续性缺口的基本形态

实例分析

金花股份（600080）下跌过程中出现持续性缺口，后市继续下跌

如图4-43所示为金花股份在2018年11月至2019年2月的K线走势。

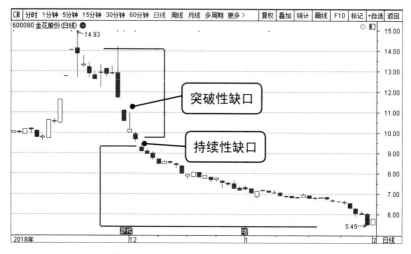

图 4-43 金花股份 2018 年 11 月至 2019 年 2 月的 K 线走势

由图中可知，金花股份的股价在下跌过程中共出现两个比较明显的缺口，其中第一个缺口属于突破性缺口，股价跳空低开收于阴线，与前日 K 线形成缺口，第二个缺口出现在突破性缺口之后，为持续性缺口。

从股价开始下跌至持续性缺口的形成，股价跌幅为 31.80%，从持续性缺口开始至阶段性低位，股价的跌幅为 35.23%，阶段内的跌幅相差不大，此即为持续性缺口的度量应用。

因此，当股价在运行过程中出现持续性缺口时，投资者可以运用该缺口的度量作用，对买卖点进行较为准确的把握。

从零开始
学股市技术分析大全

第 5 章

学会量价分析，
发现更明确的信号

在对股价走势的分析中，成交量的变动和价格的走势是属于很基础的技术分析，因此其释放出的信号也是比较准确的。在前面的章节中，我们有一些内容提到了量价分析方法，本章就对其进行具体讲解。

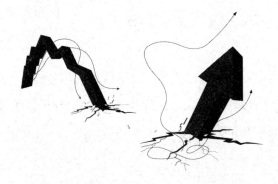

5.1 葛兰碧九大量价分析法则

在技术分析中，研究成交量与股价的关系占据了及其重要的地位。股价的有效变动必须有成交量的配合，最经典的量价关系理论是"葛兰碧九大法则"，下面我们来详细了解这几大分析法则。

NO.047 量增价升

在股价运行过程中，出现成交量增加的同时个股股价也同步上涨的量价配合现象，即量增价升。此为市场行情的正常特征，预示股价在后市将继续上升。

量增价升一般只出现在上升行情中，而且大部分出现在上升行情初期，也有小部分是出现在上升行情的中途。如图5-1所示为量增价升的基本形态。

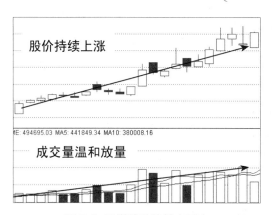

图 5-1 量增价升的基本形态

股价在经过一轮较长时间的下跌和底部盘整后，市场中逐渐出现诸多利好因素，这些利好因素增强了市场预期向好的心理，换手逐渐活跃。随后成交量的放大和股价的同步上升，投资者短期持股就可获得收益。

实例分析

全新好（000007）下跌低位出现量增价升，后市继续上涨

如图 5-2 所示为全新好 2018 年 12 月至 2019 年 3 月的 K 线走势。

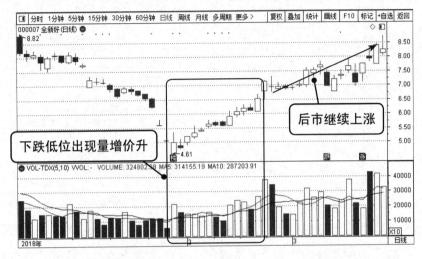

图 5-2 全新好 2018 年 12 月至 2019 年 3 月的 K 线走势

由图中可知，全新好的股价在 2018 年 12 月至 2019 年 1 月下旬处于下跌走势，并且在下跌中出现墓碑线和跌停的现象。

在出现跌停走势后的下一交易日，即 2019 年 1 月 30 日，股价低开高走，以 4.61 元的价格开盘，此价格为当日的最低价，之后股价走高。如图 5-3 所示为全新好 2019 年 1 月 30 日的盘内走势。

由图中可知，全新好的股价在开盘时出现大量成交，并推动股价急剧拉升，在短短半小时内达到了 5.00% 的涨幅，之后的股价虽然有所回落，但仍保持了一定的平稳度，显示在经历过前几个交易日的暴跌之后，盘内局势相对处于稳定状态，早盘的量价同步配合上涨形态也表明盘内多方强势入场，并且控盘能力较强。

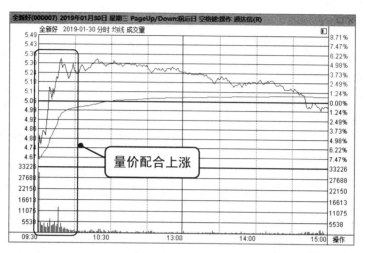

图 5-3 全新好 2019 年 1 月 30 日的分时图

在 2019 年 1 月 30 日盘内出现量价同步配合上涨的形态出现后，投资者可以对该股予以一定的关注，并继续观察接下来一段时间该股的盘内走势。我们发现，在后面的连续几个交易日中，该股在盘内均表现出量价同步配合上涨的形态，如图 5-4 所示为 2 月 11 日和 2 月 13 日的分时图。

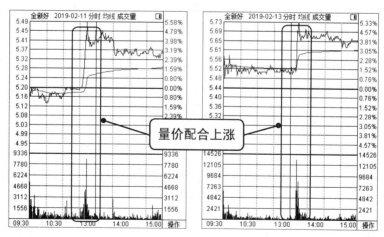

图 5-4 全新好 2019 年 2 月 11 日和 2 月 13 日的分时图

由图中可知，全新好的股价在这两个交易日内均表现出开盘稳定，盘中放量拉升的形态，表示此时多方正大量入场，积聚力量，并且从 K 线图上也可以明显地看出这段时间的量价关系为量增价升。此次上涨出现在暴跌之后，并没有低位的横盘休整期，但是从这段时间的盘内走势来看，多方建仓的意味明显，后市会迎来一波上涨。

对于投资者而言，当股价在下跌之后出现量增价升的形态时，可以比较放心的介入，并持股待涨。

NO.048 量平价升

量平价升是指在成交量维持相对稳定的情况下，股价出现上涨的情形，属于量价背离的形态。在上涨的初期、中期和末期都可能出现量平价升。如图5-5所示为量平价升的基本形态。

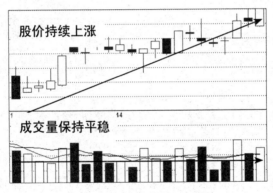

图 5-5 量平价升的基本形态

不同阶段的量平价升形态，其市场意义也不同，具体介绍如下所示。

◆ 在上升初期出现的量平价升，是指当股价开始回升时，涨幅不算很大（一般小于45°斜线，甚至小于30°斜线），一些散户开始建仓，主力或大户尚未积极进场试单或是承接，此时市场中多为散户盘，所以对应的涨势不会持久。

◆ 在上涨途中出现的量平价升，代表行情可能持续，不会立刻产生反转向下，然而这也是量能不继的表现，所以仍需随时注意卖点。如

果是因为锁住涨停，那么可以视为持股者惜售，隔天理应有更高价
可以期待，投资者继续持股无妨。

◆ 在上涨末期出现量平价升，表示上涨动力不足，多空的力道进入均
衡。上涨过程出现多空力道均衡不是一件好事，因为只要空头稍微
转强，行情就有可能反转下跌。

实例分析

南玻 A（000012）上涨初期出现量平价升，后市回调

如图 5-6 所示为南玻 A 在 2018 年 10 月至 2019 年 1 月的 K 线走势。

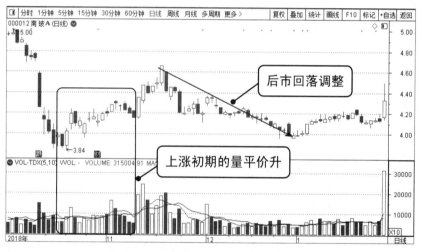

图 5-6 南玻 A 在 2018 年 10 月至 2019 年 1 月的 K 线走势

由图中可知，南玻 A 的股价在 2018 年 10 月上中旬经历了一波幅度较
大的下跌，到并在 10 月 19 日创出阶段性最低价 3.84 元。

在创出最低价后，股价开始回升，出现一定涨幅，但是相应的成交量
并没有明显放大，表明此时盘中并没有足够的大单买入。如图 5-7 所示为
该阶段中 10 月 22 日、10 月 24 日、10 月 25 日和 10 月 30 日的盘内成交统
计情况。

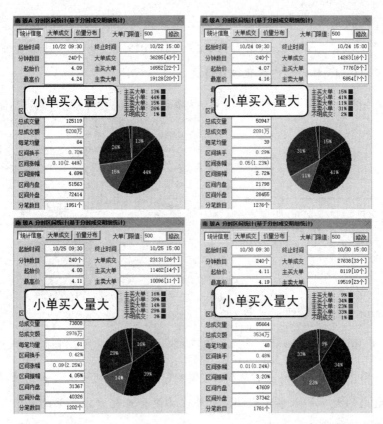

图 5-7　10 月 22 日、10 月 24 日、10 月 25 日和 10 月 30 日的盘内成交统计

由图中可知，南玻 A 在一波的上涨中，盘中表现整体为买入量大于卖出量，将大单的门限设置为 500 时，发现小单的买入成交占比最大，在最初的上涨日，即 10 月 22 日和 10 月 24 日时，盘内的小单买入占比超过 40.00%，说明散户对该股热情很高，而大单买入占比和大单卖出占比基本呈持平状态，说明此时主力介入的程度较低。

由于散户小单拉动的上涨幅度较小，且持久性不会很高，不具有较强的支撑力度，因此南玻 A 的股价在回升到一定程度后，便表现出上涨无力的情形，之后股价回落调整。

那么在主力介入时期，即成交量大幅放大的阶段，南玻A的盘内走势情况如何呢？如图5-8所示为南玻A在2019年1月到2月的K线图和2019年2月13日的盘内成交统计情况。

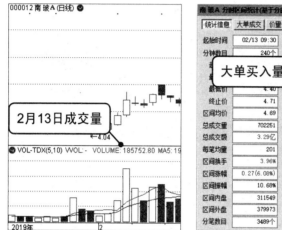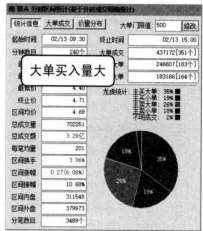

图5-8 南玻A在2019年1月到2月的K线图和2019年2月13日盘内成交统计

由图中可知，南玻A的股价在2019年2月13日时，成交量大幅放大，并且盘内的大单买入占比最高，表明主力资金开始介入，至此之后，股价的上涨才有了稳定的支撑。

实例分析

深科技（000021）上涨中期出现量平价升，上涨大势不变

如图5-9所示为深科技2019年1月至3月的K线走势。

由图中可知，深科技的股价在2019年1月开始一直表现横盘走势，进入2月后，股价有过一段时间幅度较为明显的上行，该阶段的成交量出现小幅放大。

在2月中旬开始，成交量保持一定水平，而股价继续保持幅度较小的上涨，为上涨过程中的量平价升形态，并且该量价形态一直持续到3月中旬。

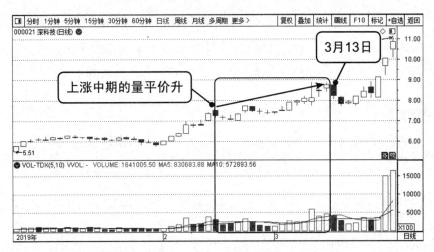

图 5-9 深科技 2019 年 1 月至 3 月的 K 线走势

在上涨中期阶段出现量平价升的形态，表明盘内上涨量能不继，而成交量是最直观地反映盘内多空力量的指标，量能不济，则股价很快会迎来一波调整。

可以看见，在 3 月 13 日和 3 月 14 日，股价连续两个交易日收出阴线，盘内跌幅分别为 6.39% 和 4.76%，如图 5-10 所示。

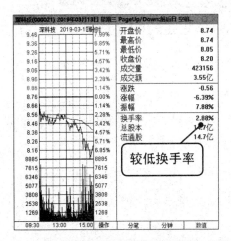 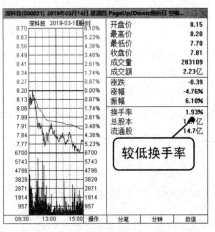

图 5-10 深科技 2019 年 3 月 13 日和 3 月 14 日的分时图

由图中可知，虽然这两日股价的跌幅较大，但是盘内的换手率并不高，表明盘内的持股较为稳定，并没有出现投资者大量出逃的现象，因此可以判断此时仅为上涨途中的调整阶段，股价后市的上涨大趋势不变。

实例分析

中洲控股（000042）上涨高位出现量平价升，主力拉高诱多

如图 5-11 所示为中洲控股在 2018 年 8 月至 11 月的 K 线走势。

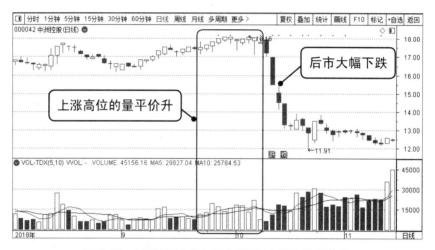

图 5-11 中洲控股 2018 年 8 月至 11 月的 K 线走势

由图中可知，中洲控股的股价在 2018 年 8 月至 9 月处于高位横盘的走势，成交量也随着调整过程的变动而变动。

在 9 月下旬，股价连续收出阳线保持涨幅，成交量在阶段内保持稳定水平，即股价在高位横盘阶段出现量平价升的形态。

观察该阶段的 K 线形态，发现其下影线均较长，表明盘内受到打压，但在盘中均得到拉升收出阳线。如图 5-12 所示为中洲控股 2018 年 9 月 21 日和 9 月 25 日的分时图。

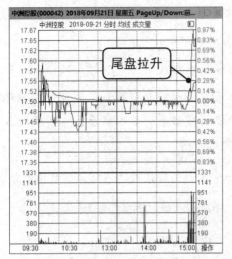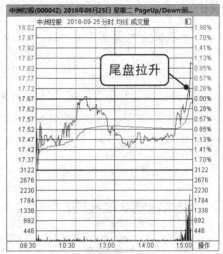

图 5-12 中洲控股 2018 年 9 月 21 日和 9 月 25 日分时图

由图中可知，中洲控股的股价在 2018 年 9 月 21 日和 9 月 25 日，盘内的走势情况为前期震荡尾盘放量拉升的形态。在前期介绍过，这种情况属于利好的形态，但是观察发现，尾盘拉升时，放大的成交量并非主力资金介入时表现出的大额成交量，而是相对于盘内前期萎靡成交量而言较为密集的小额成交。如图 5-13 所示为中洲控股 2018 年 9 月 21 日和 9 月 25 日的盘内成交统计。

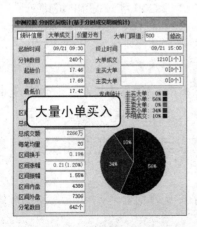

图 5-13 中洲控股 2018 年 9 月 21 日和 9 月 25 日盘内成交统计

由图中可知，中洲控股在 2018 年 9 月 21 日和 9 月 25 日时，盘内的成交统计表现为大量小单买入无大单成交的情形。

观察盘内情况，即利好形态下仅有小单介入无大单踪影，可以引发合理的猜测：此时的尾盘拉升仅为多方主力拉高诱多的策略，主力为了保持在较高价位出局，采用尾盘拉升来释放利好形态的买入信号，吸引散户入局接盘，自己则在该阶段以小单形式陆续出局。

如图 5-14 所示为中洲控股在量平价升形态后期的盘内成交统计情况。

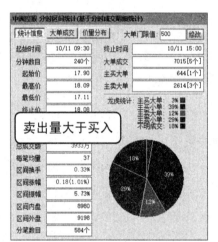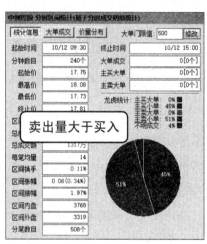

图 5-14 中洲控股 2018 年 10 月 11 日和 10 月 12 日盘内成交统计

由图中可知，中洲控股的股价在 2018 年 10 月 11 日和 10 月 12 日，盘内成交已经出现卖出量大于买入量的情形，虽然当日的 K 线仍然收于阳线，但是多方主力的出货行为已然明朗，表明前期的猜测成立，该阶段出现的量平价升形态为主力拉高诱多的陷阱，释放出利好信号吸引散户在高位接盘，而自己陆续出货，投资者在明确这一点后，就不应对该股的后市继续报有信心了，此时应该果断出局观望。

从接下来的 K 线走势来看，前期接盘的投资者此时只能接受高位被套牢的结局，面临较大损失。

NO.049 量缩价升

量缩价升是指股价上升，成交量反而减少的形态，该形态表明市场中买气已弱，卖方力量随时有表现的可能。因此，投资者对"缩量上涨"应保持高度警惕。量缩价升所显示的是一种量价背离的走势，如图 5-15 所示为量缩价升的基本形态。

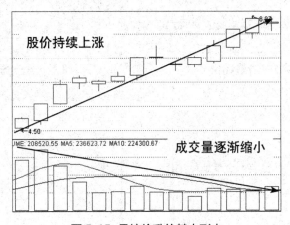

图 5-15 量缩价升的基本形态

量缩价升的预判意义如下。

◆ 在拉升阶段，股价处于上升周期，成交量不断减少，股价却在不断继续上升，说明此时该股已经处于控盘状态，拉升而缩量，有两种可能，一种是主力无心出货，表明志存高远；另一种是无法出货，表明缺少接盘。无论是哪一种情况，投资者都适宜继续谨慎持股，只要筹码还没出现松动，就是比较安全的持股。

◆ 对于场外投资者来说，此时只能是小资金小仓位短线参与，因为股价已经有了一定的涨幅，或者接近拉升的末期了。一旦高位放量，就预示着顶部来临。

◆ 有时候，在拉升初期也会出现量缩价升，那就不是筹码锁定良好的问题，而是可能操盘计划发生了变化，主力采取中止资金投入的方式，边走边看，行情可能昙花一现，胎死腹中。后续行情，需要补量，否则上行空间有限。

实例分析

特发信息（000070）上涨途中出现量缩价升，股价上涨动力不足

如图 5-16 所示为特发信息 2019 年 1 月至 4 月的 K 线走势。

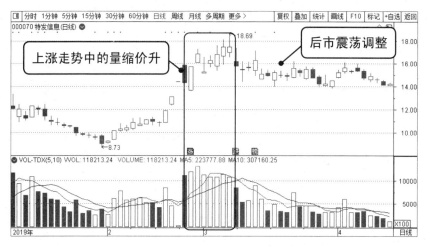

图 5-16 特发信息 2019 年 1 月至 4 月的 K 线走势

由图中可知，特发信息的股价在 2019 年 1 月至 2 月初处于下跌的走势，在 1 月 31 日创出阶段性低价 8.73 元之后，股价开始上涨，伴随成交量的逐渐放大。

2019 年 2 月 28 日，在跳空高开收出阳线后，成交量开始逐渐缩小，而股价却依旧持续上涨，走出量缩价升的形态。

来看一下 2 月 28 日的盘内走势，如图 5-17 所示。

由图中可知，特发信息的股价在当日盘内多次涨停，但是量能方面未保持住，导致涨停板多次被打开。

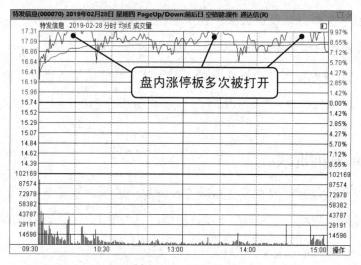

图 5-17 特发信息 2019 年 2 月 28 日的分时图

来观察 2 月 28 日及其后连续几个交易日盘内成交情况，如图 5-18 所示。

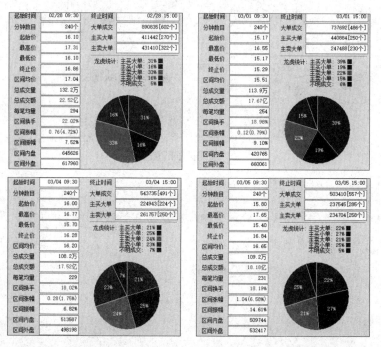

图 5-18 特发信息 2019 年 2 月 28 日至 3 月 5 日的盘内成交统计

由图中可知，在股价上涨阶段，量能上多空双方基本持平，并没有出现多方压制空方的情形，因此后续股价是否能够继续上涨存疑。

出现这样的形态，对于投资者而言，则是继续观望的信号，待股价后市明朗后，再行操作。

NO.050　量缩价跌

量缩价跌是指个股在成交量减少的同时个股股价也同步下跌的一种量价配合现象，它既可能出现在下跌行情中，也可能出现在上升行情中。

如图 5-19 所示为量缩价跌的基本形态。

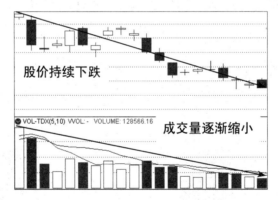

图 5-19　量缩价跌的基本形态

量缩价跌形态的预判意义如下。

◆ 如果当时股价处于阶段性的底部或是在持续下跌的阶段中，那么量缩价跌是自然的现象，它表明多、空双方集体看跌，卖家急于找下家买单，但买家则不愿意进场交易，于是就出现了量缩价跌的现状。出现这种状况，往往说明空方能量还没有得到释放，股价继续下跌的可能性很大，一直会持续到多方愿意进场为止。此时，"袖手旁观"是上策。

◆ 如果股价处于上涨途中，出现量缩价跌形态，则暗示股价上涨遭逢压力区，短线呈现拉回的走势，当量价关系企稳后，只要出现量增走势，股价就会持续上涨。

◆ 如果当时股价处于阶段性的顶部，量缩价跌则说明个股已被主力高度控盘，不是主力不想卖，而是主力找不到人接盘。于是主力任由少量散户左右行情，或者见一个买家就往下面卖一点筹码，因此就出现了量缩价跌的现象。见此状况，交易者应始终回避，因为此时主力的唯一目的就是出货，只要有买家就不会放过交易的机会。

实例分析

中成股份（000151）上涨途中出现量缩价跌，股价处于调整时期

如图 5-20 所示为中成股份在 2018 年 10 月至 2019 年 4 月的 K 线走势。

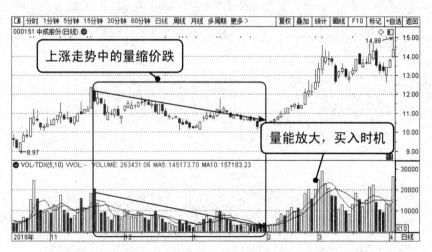

图 5-20 中成股份在 2018 年 10 月至 2019 年 4 月的 K 线走势

由图中可知，中成股份的股价在 2018 年 10 月开始上涨，到 11 月中下旬，股价回跌，并伴随成交量的逐渐缩小，形成量缩价跌的形态。

那么在这种时候如何判断该股后市的涨跌情况呢？这就需要投资者等

待一段时间观察后市发展。

如果在量缩价跌形态之后，成交量开始放大，并伴随股价的上涨，这就表明前期的量缩价跌为上涨走势中的调整阶段；反之，则表明股价转势，后期下跌。

> **小贴士** *通过回调形态判断股价后市*
>
> 在股价出现量缩价跌形态时，投资者还可根据股价 K 线的运行形态来判断股价的后市，前面章节介绍过多种调整形态，例如三角形形态和矩形形态等，在股价调整过程中，如果阶段内的 K 线形成三角形形态，则表明股价后市会继续前期的走势。

NO.051　量增价平

量增价平是指在成交量放大的情况下，股价维持在一定的价位水平上下波动，如图 5-21 所示为量增价平的基本形态。

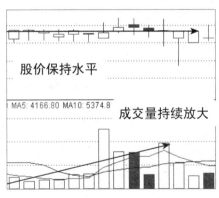

图 5-21　量增价平的基本形态

量增价平的预判意义如下。

◆ 股价经过长期大幅下跌之后，如果在低位区域成交量持续放大，股价却维持在原来的位置不动，有可能是主力在故意打压股价，目的是继续吸收低廉的筹码，为以后的拉升做准备，是明显的吸货特征。

◆ 在股价上涨之后的高位区，如果出现量增价平的走势，则标志着股价出现了滞涨。放量滞涨现象说明很有可能主力正在出货，成交量放大是主力在高位出货导致的。投资者如果遇到股价在高位区域出现量增价平的走势，一定要注意风险，不要轻易去追高。

◆ 在下跌初期和中期出现量增价平走势，说明股价还没有跌够，后市继续下跌的可能性非常大。

如果股价在运行过程中，价格没有什么变化而成交量放大，首先需要考虑成交量是怎么来的。在价格波动幅度不大的情况下，散户没有积极性，缺乏交易动机，由此可见这个成交量很可能是主力自己做出来的，是诱饵。当主力没办法完成减仓的目的时，会通过杀跌放量来出货。

实例分析

我爱我家（000560）下跌低位出现量增价平，筑底吸筹

如图 5-22 所示为我爱我家在 2018 年 12 月至 2019 年 3 月的 K 线走势。

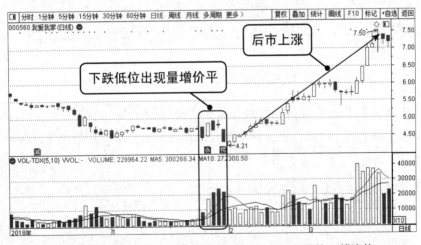

图 5-22 我爱我家在 2018 年 12 月至 2019 年 3 月的 K 线走势

由图中可知，我爱我家的股价在 2018 年 12 月处于下跌的走势，在进入 2019 年后，股价开始了横盘走势，始终维持在 4.65 元的价位附近小幅波动，成交量也逐渐萎缩。

2019 年 1 月下旬，成交量逐渐放大，但是股价依旧保持稳定，形成量增价平的形态。来看一下成交量放大前后期交易日的换手率情况。如图 5-23 所示为我爱我家 2019 年 1 月 25 日至 2 月 1 日的盘内换手率情况。

开盘价	4.74	开盘价	4.49	开盘价	4.91
最高价	4.75	最高价	4.86	最高价	4.95
最低价	4.35	最低价	4.45	最低价	4.62
收盘价	4.42	收盘价	4.86	收盘价	4.64
成交量	83394	成交量	172854	成交量	214283
成交额	3807万	成交额	8268万	成交额	1.02亿
涨跌	-0.28	涨跌	0.44	涨跌	-0.22
涨幅	-5.96%	涨幅	9.95%	涨幅	-4.53%
振幅	8.51%	振幅	9.28%	振幅	6.79%
换手率	0.65%	换手率	1.34%	换手率	1.66%
总股本	23.6亿	总股本	23.6亿	总股本	23.6亿
流通股	12.9亿	流通股	12.9亿	流通股	12.9亿
开盘价	4.82	开盘价	4.67	开盘价	4.21
最高价	4.95	最高价	4.67	最高价	4.36
最低价	4.70	最低价	4.30	最低价	4.21
收盘价	4.78	收盘价	4.30	收盘价	4.31
成交量	240647	成交量	220311	成交量	102456
成交额	1.16亿	成交额	9592万	成交额	4411万
涨跌	0.14	涨跌	-0.48	涨跌	0.01
涨幅	3.02%	涨幅	-10.04%	涨幅	0.23%
振幅	5.39%	振幅	7.74%	振幅	3.49%
换手率	1.87%	换手率	1.71%	换手率	0.80%
总股本	23.6亿	总股本	23.6亿	总股本	23.6亿
流通股	12.9亿	流通股	12.9亿	流通股	12.9亿

图 5-23 成交量放大前后期交易日内的换手率情况

由图中可知，我爱我家的盘内换手率在这一期间内总共有 4 个交易日出现换手率达到 1.00% 以上，前后期间的换手率均较小。结合该股前期的大幅下跌，并且之前的成交量一直保持萎靡状态，在这几个交易日盘内的换手率突然放大，可以猜测这是主力资金的操作行为，并非散户的操作。

来看一下期间两个交易日内的成交统计情况，分析大单成交的占比，如图 5-24 所示。

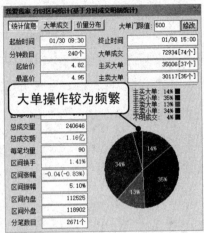

图 5-24 我爱我家 2019 年 1 月 29 日和 1 月 30 日盘内成交情况

由图中可知，在这两个交易日内，大单的成交量相对较大，可以合理猜测此时盘内的主力资金在通过频繁的买卖行为来达到以更低价位吸筹的目的。

那么如何印证这一猜测的真伪呢？我们来看一下 2019 年 1 月 24 日和 1 月 25 日换手率较低时盘内的成交统计情况，如图 5-25 所示。

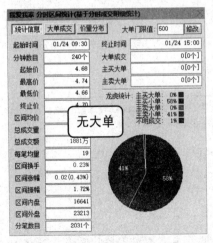
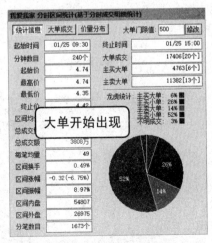

图 5-25 我爱我家 2019 年 1 月 24 日和 1 月 25 日盘内成交情况统计

由图中可知，我爱我家在 2019 年 1 月 24 日时盘内全无大单成交，1 月 25 日开始出现大单，此时盘内的大单统计情况与换手率相对较高时完全两种形态，因此前期的猜测被证实为有效猜测，此时是主力资金的压价吸筹行为，投资者可以等到股价出现明显启动迹象时再行介入。

如果股价在高位或其他地方出现量增价平的现象，投资者同样需要细心观察阶段内的成交数据和大单统计情况，这样才能更好地得到结论，并提高预判的准确性。

NO.052 量平价平

量平价平是指成交量与股价同时保持稳定的一种量价形态，该形态比较少见。如果维持超过一星期，则代表目前的趋势将不会有重大转变，此形态发生在低位盘整的股票居多，为多空不明的暗示，投资者宜保守观望，等待量能增温的现象出现再做考虑。如图 5-26 所示为量平价平的基本形态。

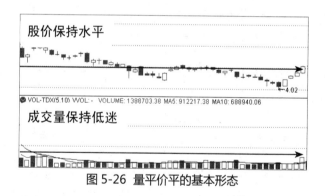

图 5-26 量平价平的基本形态

量平价平的走势通常会发生在谷底区、多头回调整理与空头盘整反弹等 3 种行情结构中。

- ◆ 当股价下跌已经有一段时间之后，出现量平价平的形态，此时暗示股价已经进入盘底期，但是这里仍属于多空不明的状况，投资者不适合进场。

◆ 当股价在多头中进入回调修正，格局为盘跌走势时，只要出现量平价平的形态，则暗示修正行为已经暂时告一段落，投资者宜等待买进时机。但是，买进前需先出现明确的止跌信号。

◆ 当股价处于空头的盘整或是反弹时，出现量平价平的形态，此时行情出现反转的概率较高，即股价将在近期出现盘整或是反弹结束的信号。

实例分析

中国宝安（000009）下跌反弹中出现量平价平，反弹结束

如图 5-27 所示为中国宝安 2018 年 5 月至 10 月的 K 线走势。

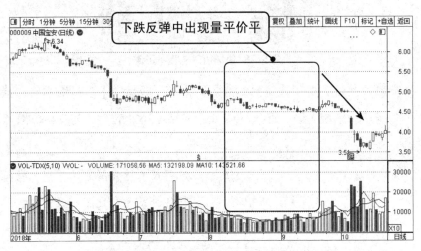

图 5-27 中国宝安 2018 年 5 月至 10 月的 K 线走势

由图中可知，中国宝安的股价在 2018 年 5 月下旬开始下跌走势，下跌至 6 月中旬时，股价开始反弹，但是反弹幅度并不大。7 月下旬，股价反弹受阻后开始小幅下跌，之后开始了一个多月的横盘走势，并且该阶段的成交量处于低迷状态，形成量平价平的形态。

在下跌反弹过程中出现量平价平形态，寓意反弹即将结束。10 月开始，股价跌破横盘走势，大幅下跌，同期成交量放大。

NO.053 量增价跌

量增价跌主要是指在股价下跌的情况下成交量反而增加的一种量价配合现象，如图 5-28 所示为量增价跌的基本形态。

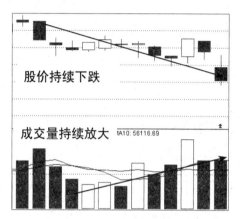

图 5-28 量增价跌的基本形态

量增价跌是一种短线量价背离的现象，一般是由于多种因素所造成。在研判量增价跌现象时，必须先研究这种现象所处的行情和具体位置才可决定。

- ◆ 当量增价跌处于相对高位时，一般行情都已发展到了尾声，控盘的主力在人气高涨的掩护下，拉高出货，从而引发了一系列的抛售风潮。面对突发性事态，投资者应当机立断，迅速卖出手中所持有的筹码，减少风险。

- ◆ 当量增价跌处于某一整理形态位时，往往是行情突然出现某种重大的利空消息或其他不利因素的影响，中小投资者与控盘主力上演了一场多杀多的悲剧，纷纷夺路而逃。从而导致股价在巨大的抛压之下，放量走低。

- ◆ 当量增价跌处于某一相对低位时，或在已大幅下跌一段时间后，则有可能是控盘主力进行最后的震仓吸筹所致，诱使不明真相的投资

者纷纷在较低的价位抛售自己手中所持有的筹码，从而达到吸筹建
仓的目的。

总体而言，量增价跌现象表明市场上的投资者已经看空后市行情，纷
纷加入到抛售的行列中去，短线投资者应离场，回避将要出现的更大风险。

实例分析

东旭蓝天（000040）下跌低位出现量增价跌，主力吸筹建仓

如图 5-29 所示为东旭蓝天在 2018 年 11 月至 2019 年 3 月的 K 线走势。

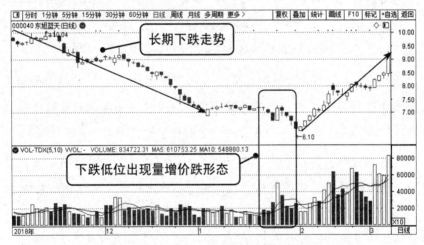

图 5-29 东旭蓝天 2018 年 11 月至 2019 年 3 月的 K 线走势

由图中可知，东旭蓝天的股价在 2018 年 11 月至 2019 年 1 月初一直处
于下跌走势中，成交量保持较为稳定的形态。

进入 2019 年 1 月，股价止跌开始横盘，同期成交量相比于前期所有缩小。
1 月 24 日开始，成交量开始放大，但股价却出现下跌的形态，出现量增价
跌的量价关系。

来观察量增价跌阶段的盘内分时走势，如图 5-30 所示为该阶段内 2019
年 1 月 24 日和 1 月 29 日的分时图。

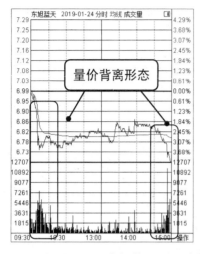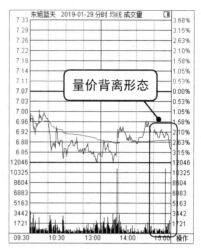

图 5-30 东旭蓝天 2019 年 1 月 24 日和 29 日的分时图

由图中可知，东旭蓝天的股价在 2019 年 1 月 24 日呈现出明显的量价背离形态，开盘后成交量放大推动股价的下跌，尾盘时再次放量股价再次受到打压下跌，在 1 月 29 日的量价关系也同样为量价背离。

从这两日的分时图来看，东旭蓝天的股价此时并不被看好，盘内显示出卖压较大的情况。但是观察前期，发现一个比较有趣的现象，在 2018 年 12 月股价连续收阴下跌的时候，盘内依旧有占比不小的大单买入，如图 5-31 所示为该阶段内跌幅较大的 12 月 21 日和 12 月 25 日盘内成交统计情况。

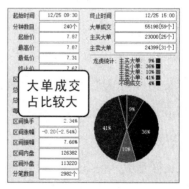

图 5-31 东旭蓝天 2018 年 12 月 21 日和 12 月 25 日盘内成交统计

由图中可知，东旭蓝天的大单成交即使在连续收阴期间，买入大单和卖出大单占比都基本能持平，表示盘内是有主力在操作的。如果没有主力资金，盘内的成交情况应基本以小单为主。如图 5-32 所示为中洲控股（000042）在 2018 年 12 月 21 日和 12 月 25 日同为连续收阴下跌的盘内成交情况。

 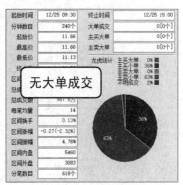

图 5-32 中洲控股 2018 年 12 月 21 日和 12 月 25 日同为连续收阴下跌的盘内成交

由图中可知，中洲控股在连续收阴期间盘内基本无大单成交，这也从侧面反映此时东旭蓝天的盘内有主力资金存在。

那么如何判断主力资金的多空属性呢？来全面分析一下东旭蓝天在前期的基本面方面的消息；查询发现，在 2018 年 10 月 19 日，公司披露重要股东增持的消息，2018 年 10 月 30 日，公司发布第三季度财务报表，从数据看来，公司的经营情况良好，如图 5-33 所示。

财务指标	2018-09-30	2017-12-31	2016-12-31	2015-12-31
审计意见	未经审计	标准无保留意见	标准无保留意见	标准无保留意见
净利润(万元)	140460.42	54409.84	17537.95	6204.96
净利润增长率(%)	334.3976	210.2406	182.6441	16.7034
营业总收入(万元)	529431.72	813102.53	377350.17	166572.92
营业总收入增长率(%)	2.2125	115.4769	126.5375	60.7018
加权净资产收益率(%)	11.5500	4.8500	2.8500	4.7900
资产负债率(%)	55.9562	60.0067	36.5806	80.4167

图 5-33 东旭蓝天 2018 年第三季度财报截取部分指标

从发布财报的指标中来看，公司第三季度的净利润率持续增长，资产负债比率较低，表明公司偿债能力较强。

在发布利好消息接下来的 11 月，公司发布了截止到 2018 年 11 月 29 日的十大股东情况，如图 5-34 所示。

股东名称（单位：万股）	持股数	占总股本比(%)	股份性质	增减情况
东旭集团有限公司	15592.94	10.49	无限售A股	↑14970.06
	42367.32	28.49	限售A股	—
国泓资产－宁波银行－西藏信托－鼎证47号单一资金信托	6345.02	4.27	无限售A股	未变
海富通基金－宁波银行－民生信托－中国民生信托·至信167号宝安定增集合资金信托计划	5846.89	3.93	无限售A股	未变
泰达宏利基金－招商银行－国民信托－国民信托·证道8号单一资金信托计划	5808.82	3.91	无限售A股	未变
前海开源基金－浦发银行－国民信托－国民信托·证道7号单一资金信托	5587.34	3.76	无限售A股	未变
安信基金－浦发银行－陆家嘴国际信托－汇嘉3号集合资金信托计划	4476.57	3.01	无限售A股	未变
重庆国际信托股份有限公司	4420.89	2.97	无限售A股	↓-14.00
中海信托股份有限公司－中海信托－东旭蓝天员工持股计划集合资金信托	3799.07	2.56	无限售A股	未变
山高（烟台）卓越投资中心（有限合伙）	2674.35	1.80	无限售A股	未变
天安人寿保险股份有限公司传统产品	2674.00	1.80	无限售A股	新进

图 5-34 东旭蓝天截止到 2018 年 11 月 29 日的十大股东情况

由图中可知，东旭蓝天截止到 2018 年 11 月 29 日，盘内的十大股东保持较为稳定的形态，且有增持的现象，表示盘内主力资金陆续进场，因此在 2018 年 12 月股价连续收阴期间仍有买入大单成交。

这一系列的信息结合起来，可以对 2019 年 1 月下旬量价形成量增价跌的形态做出合理猜测，此时为主力资金为了以更低价格吸取筹码而做出的震仓行为，待筹码吸取结束后，股价便会启动。

对于投资者而言，最佳介入期为股价出现明显启动迹象时，即出现量增价涨形态时，此时介入比较安全，且不用等待。

NO.054 量缩价平

量缩价平是指股价少有涨跌幅度，但成交量却减少的情形。如图 5-35 所示为量缩价平的基本形态。

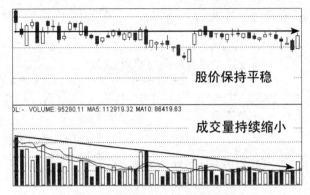

图 5-35 量缩价平的基本形态

量缩价平的预判意义如下。

◆ 在初升段中出现量缩价平形态，表示追价买盘不足，行情可能止涨下跌，故视为涨势尚未确立。

◆ 在多头主升段中出现量缩价平形态，表示大多数投资者保持观望的态度，积极追价的意愿已经降低，为买气不足的象征，未来行情将有可能下跌进入回调整理的走势。

◆ 在下跌过程中出现量缩价平形态，表示卖压已经减缓，行情有可能出现反弹，但是反弹的幅度不会太大，尤其是反弹过程中再度出现量缩价平，代表支撑力道较小会再下跌，因此投资者不需要积极买进，反而可以趁高出手放空。

◆ 在下跌末期出现量缩价平形态，表示卖压已经减缓，股价下探到更低位的可能性较小。如果此时股价开始进入盘底期，并出现多头的攻击线形并突破止跌后的阶段性高点，则止跌宣告确立。如果此时止跌后的阶段性高点无法顺利得到突破，则视为反弹结束股价将再持续破底。

实例分析

德赛电池（000049）上涨阶段出现量缩价平，股价暂时调整如图 5-36 所示为德赛电池 2018 年 10 月至 2019 年 3 月的 K 线走势。

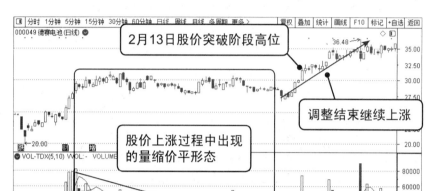

图 5-36　德赛电池 2018 年 10 月至 2019 年 3 月的 K 线走势

由图中可知，德赛电池的股价在 2018 年 10 月处于上涨走势，进入 11 月后，股价开始横盘调整，在此阶段内成交量逐渐缩小，形成量缩价平的量价形态。

在前面的章节内我们介绍过矩形调整形态，即股价在阶段内保持平稳运动，并且成交量逐渐缩小，为股价运行过程中常见的调整形态，调整结束时会伴随着放量与股价突破调整阶段高位的现象。

观察德赛电池 2018 年 11 月至 2019 年 2 月初的调整走势，符合矩形调整形态的特点，此时是主力为后续的继续拉升而进行的休整，当 2 月 13 日成交量放大，并强势突破前期调整阶段的高位时，发出调整结束，后市继续拉升的信号。

NO.055　量平价跌

量平价跌是指成交量保持平稳而价格出现下跌的量价形态，如图 5-37 所示为量平价跌的基本形态。

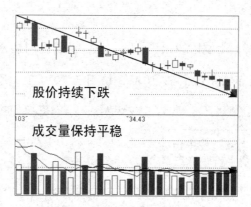

图 5-37 量平价跌的基本形态

量平价跌的预判意义如下。

◆ 若是发生在上涨走势中，投资者要先观察有无大量出现，导致股价
回调。如果没有，代表主力并未出货，是有散户退出，因为主力退
出的话成交量不会保持稳定，所以该下跌的回档幅度不会太深，在
散户退出后，主力补量就可以延续原来的上涨趋势。如果有大量出
现，那么就有可能是主力获利回吐的卖压，此时警戒心较高的散户
也会在压回过程中将持股卖出。

◆ 如果出现在下跌初期，则该形态代表卖压不大，下跌幅度有限，同
时也暗示下跌趋势在短期内将不容易有所改变。

◆ 如果在下跌中期出现，则代表散户持续卖出，股价将持续盘跌，这
种现象通常发生于主力出货结束后，只有散户交易的散户盘。

◆ 如果在下跌低位出现，则代表股价持续探底，但是因为卖压渐小，
暗示低位已经有限。此时如果要行情出现止跌，建议观察底部支撑
量、试单量或是攻击量等对多头有利的量能信号。在价的方面，最
好是出现明显有探底意义的 K 线、K 线组合或一些常见的底部形态，
例如长下影线 K 线和早晨之星组合等。

实例分析

中国宝安（000009）上涨阶段出现量平价跌，股价暂时调整

如图 5-38 所示为中国宝安 2018 年 10 月至 2019 年 3 月的 K 线走势。

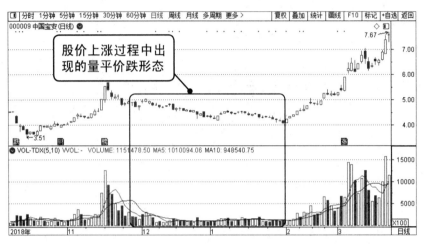

图 5-38　中国宝安 2018 年 10 月至 2019 年 3 月的 K 线走势

由图中可知，中国宝安的股价在 2018 年 10 月中旬开始上涨走势，涨势持续到 11 月中旬，前期的股价上涨处于量平价升，到了 11 月 15 日至 11 月 20 日，出现放量上涨。放量上涨之后，股价开始下跌，成交量也恢复到稳定低迷的状态，形成量平价跌的量价形态。

出现量平价跌的形态，首先排除主力资金的大规模逃离，因为主力资金如果大规模逃离的话，出现的量价形态应该是放量下跌，但从 K 线图中可以看见，这一期间的成交量一直保持比较稳定的状态，并未出现放量，因此此次下跌的幅度也不大。

接下来看一下盘内的成交统计情况，如图 5-39 所示为股价在量平价跌阶段后期的 2019 年 1 月 14 日和 1 月 15 日的盘内成交统计情况。

由图中可知，股价在下跌阶段，盘内的大单成交依旧占比较大，说明盘内资金在积极运作，并非在积极出逃，因此可以合理猜测这波下跌是由

于主力资金的洗盘行为导致。

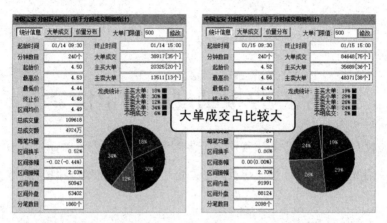

图5-39 中国宝安2019年1月14日和1月15日盘内成交统计情况

洗盘何时结束就看盘内何时出现股价启动的信号，例如量价同向增长或买入盘明显大于卖出盘，这就需要投资者积极观察接下来的盘内情况。我们发现，在2019年2月1日，股价止跌，股价当日高开高走，盘内的买入成交明显大于卖出成交，并且在接下来的几个交易日内均保持这样的态势，如图5-40所示。

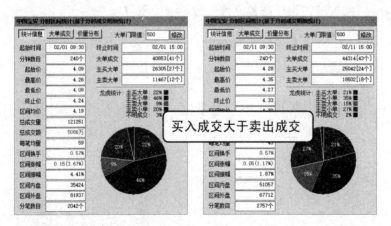

图5-40 中国宝安2019年2月1日和2月11日盘内成交统计

股价连续几个交易日走出量增价升的形态，并且盘内买入成交占比较大，表明洗盘行为结束，主力已启动上涨，投资者可以介入操作。

5.2 涨跌停板制度下的量价分析

股价在运行过程中会出现涨停或者跌停的走势，即涨跌达到 ±10%(不含特殊情况)，此时观察成交量的形态也可对股价短期走势做出预判。

NO.056 涨停量小分析

对于成交量来说，盘内买卖成交越活跃，成交量就越大。如果股价交易日内出现涨停，但是成交量较小，表示盘内的持股稳定，盘内投资者继续看好该股，卖出量少，外部投资者无法介入，因此短期内继续看好该股。

实例分析

深南电 A（000037）出现缩量涨停，短期继续看好

如图 5-41 所示为深南电 A 在 2019 年 1 月至 3 月的 K 线走势。

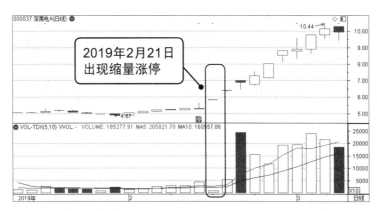

图 5-41 深南电 A 在 2019 年 1 月至 3 月的 K 线走势

由图中可知，深南电A的股价在前期处于低位横盘调整的状态，进入2月之后，股价小幅启动上涨，成交量开始放大。在2月21日时，股价出现缩量涨停，表示主力资金控场能力强，盘内持股稳定性较好，投资者继续看好该股后市走势，因此短期内该股会继续上涨走势。

同理，如果股价在跌停时出现成交量缩小的情况，表示外部投资者无人接盘，对该股的后市不看好，短期内股价会继续下跌。

NO.057 涨停量大分析

如果股价出现涨停，而成交量放大，则表明盘内成交活跃，买入和卖出行为频繁，投资者持股不够稳定，见涨即卖，盘内的获利逃离者较多，留给新介入投资者的利润空间就比较小，该股短期内会出现涨势降幅或回调的走势。如果在上涨高位出现这样的走势，投资者则要警惕主力资金高位出逃。

实例分析

东旭蓝天（000040）出现放量涨停，短期看跌

如图5-42所示为东旭蓝天2019年3月至4月K线走势。

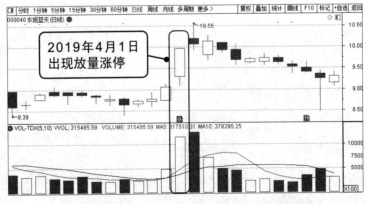

图5-42 东旭蓝天2019年3月至4月K线走势

由图中可知，东旭蓝天的股价在 2019 年 4 月 1 日时出现涨停，当日成交量也较之前放大。如图 5-43 所示为东旭蓝天 2019 年 4 月 1 日的盘内走势图与成交量统计。

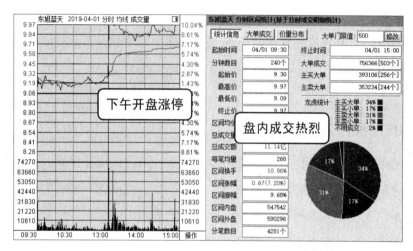

图 5-43 东旭蓝天 2019 年 4 月 1 日的盘内走势图与成交量统计

由图中可知，东旭蓝天在 2019 年 4 月 1 日是下午盘开始的时候放量涨停，并且盘内的成交较为活跃，表示盘内多空双方交战激烈，当日虽然涨停，但是走势不稳，空方力量较为强烈，盘内的出逃者较多，短时间内股价会经历一波动荡。

从后市的 K 线图来看，股价开始缓慢下跌进行调整，因此为了保证资金的安全和时间价值成本，不建议投资者追涨介入这样走势的个股。

NO.058 涨（跌）停板多次放量打开

股价在出现涨（跌）停时有多种形态，有的涨（跌）停板封住比较严，即盘内持股较为稳定，有的涨（跌）停板则在盘内多次被大单打开，即涨（跌）停的走势无法延续。涨（跌）停板被打开可以出现在任何阶段，不同的阶段所代表的含义也是不同的。

以涨停板被打开为例，盘内多次放量打开涨停板，有时是为了洗掉一些获利盘，有时则是因为主力故意拉涨停进行出货导致的。通常这两种情况可以从涨停板被打开的时间长短和幅度大小两个方面来区分。

◆ 如果是主力出货，一般涨停板打开的时间就比较长，或者次数比较多，或者打开的幅度较大，随后再以大单封住涨停。

◆ 如果是为了洗盘，涨停板被打开的时间往往较短，幅度也不会太大。

实例分析

深纺织 A（000045）出现涨停板多次被打开，股价震荡

如图 5-44 所示为深纺织 A 在 2019 年 2 月 13 日的分时图。

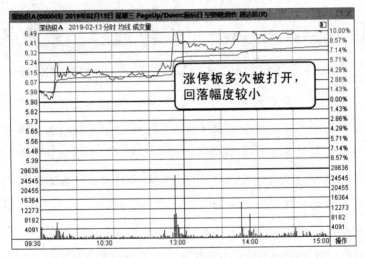

图 5-44 深纺织 A 在 2019 年 2 月 13 日的分时图

由图中可知，深纺织 A 的股价在 2019 年 2 月 13 日出现了盘内多次涨停板被打开的情形，第一次涨停出现在上午盘快结束时，股价因大单的出现直接涨停，但是保持时间较短就出现回落，回落至 7% 涨幅时股价再次上冲涨停，之后再次回落。

当日盘内共出现了 4 次涨停，前 3 次涨停均未保持住，最后一次临近收盘时股价再次涨停直至收盘。

下面结合当时的 K 线走势来进行分析，如图 5-45 所示为深纺织 A 在 2018 年 12 月至 2019 年 3 月的 K 线走势。

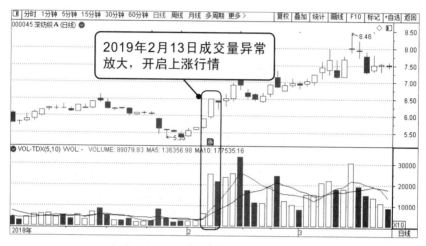

图 5-45 深纺织 A 在 2018 年 12 月至 2019 年 3 月的 K 线走势

由图中可知，深纺织 A 的股价在 2019 年 2 月 13 日出现涨停之前，处于小幅震荡的走势，成交量也较为稳定。2 月 13 日，股价涨停并且伴随成交量放量。就成交量表现来说，明显异于之前，再加之盘内涨停板 3 次被打开而下调幅度不大的情况，可以联想此时的股价处于初步的启动状态。为了保证盘内的持股稳定，主力采用这样的方式来清洗观望盘，因此在之后的走势中，股价也处于震荡上行的走势，并且成交量持续放大，显示盘内的买卖成交行为较为频繁，主力达到了洗盘的目的。

从零开始
学股市技术分析大全

第6章

用好波浪理论,
掌握市场行为

波浪理论作为经典的投资分析理论之一,多年来被应用于股市分析中,并且在多年的发展中,波浪理论不断地得到完善。本章我们就来详细了解该理论。

…………

6.1 波浪理论的实战运用技巧

美国技术分析大师拉尔夫·纳尔逊·艾略特（R.N.Elliott）在长期研究道琼斯工业平均指数的走势图后，于二十世纪三十年代创立了波浪理论。

该理论认为市场走势不断重复一种模式，它根据周期循环的波动规律来分析和预测价格的未来走势，每一周期由 5 个上升浪和 3 个下跌浪组成，如图 6-1 所示为波浪理论的基本形态。

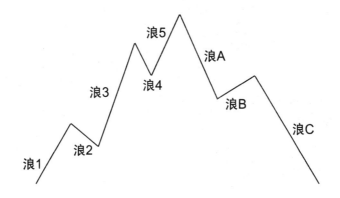

图 6-1 波浪理论的基本形态

在实际的分析中，波浪理论的每个一级子浪都有它自己的子浪，例如图中的浪 1，大趋势上来看属于上涨走势，其实内部也会伴随着阶段性的下跌回调再上冲走势。

波浪理论的子浪有节奏、有规律地起伏涨落、周而复始，好像大海的波浪一样，我们也可以感受到其中蕴涵的韵律与协调。

NO.059 发现筑底的浪 1

浪 1 是股价波浪理论运行的第一个阶段，它出现在股价下跌趋势之后，是下跌－企稳－上涨的第一步，是牛市和熊市的分界点。

几乎大部分的第 1 浪都是属于营造底部形态的第一部分，它作为循环的开始，由于这段行情的上升出现在空头市场跌势后的反弹和反转，此时的买方力量并不强大，加上空头继续存在卖压，因此，在此类第 1 浪上升之后出现第 2 浪调整回落时，其回档的幅度往往很深。

运用波浪理论分析的投资者都很关注浪 1 究竟在哪里，因为这直接关系到后面的浪 3 何时出现以及获利，下面介绍几种找到浪 1 的方法。

- ◆ **方法一**：如果只看浪 1 是否是 5 波结构是不足够的，确定前面的浪 C 是否终结比确定浪 1 更重要。一般而言，确定浪 C 是否终结，就需要观察浪 C 的形态以及当时的成交量情况。如果浪 C 的下跌后期，盘内成交量较长时间没有出现大单，或者在低位出现明显的见底反转走势，则意味着浪 C 的结束和浪 1 的开始。

- ◆ **方法二**：浪 1 与下跌过程中的回调性上涨形态是不一样的，前面的回调上涨一般起头比较缓慢，回调幅度也较小，浪 1 在速度上和幅度上都会与其不同。如果浪 1 比前面的调整浪都不如，那最好还是当它为一个调整，大家在研判是否是浪 1 的时候，对比之前的回调形态是必不可少的。

- ◆ **方法三**：（1）看是否有效地突破了前面下跌趋势的低位震荡高点，（2）看是否突破了空头趋势线并穿越一段距离，（3）看是否站立在长周期均线以上。这 3 点都符合了才可以放心的数内部结构。

- ◆ **方法四**：如果左侧已经持续萎缩到"惨不忍睹"的程度，就已经可以判断浪 1 即将要到来了。

- ◆ **方法五**：浪 1 在五浪结构中通常是最短的一浪（延伸浪除外，浪 1 出现延长浪的概率是 1、3、5 这 3 个推动浪中概率最小的，所以通常不考虑浪 1 会延长）。如果浪 1 真的出现延长，那说明新的趋势真的要启航了。

实例分析

深华发 A（000020）下跌末期成交量萎靡，股价见底浪 1 开始

如图 6-2 所示为深华发 A 在 2018 年 6 月至 12 月的 K 线走势。

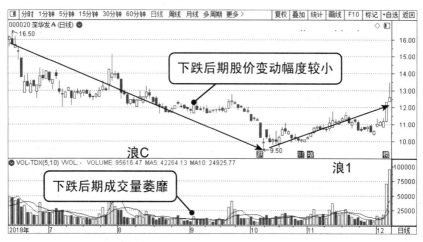

图 6-2 深华发 A 在 2018 年 6 月至 12 月的 K 线走势

由图中可知，深华发 A 的股价在 2018 年 6 月有过一波幅度较大的下跌，之后股价开始缓慢的震荡下跌走势，同期成交量也表现萎靡。

在下跌时出现量平价平的走势，可以合理猜测此时属于浪 C 的尾期，此时股价已经跌无可跌，盘内的空方量能在前期得到较大的释放，此时盘内动能不足，因此价格和成交量都表现出萎靡的形态。

来看一下该阶段内 2018 年 10 月 12 日创出阶段性低价 9.50 元的盘内走势图，如图 6-3 所示。

由图中可知，深华发 A 在 2018 年 10 月 12 日的盘内属于低开，股价盘内受到过打压，但因下方出现支撑力量，股价恢复，盘内下跌时有 3 次接触到几乎同一价位的底部，即 9.50 元附近，但是在跌至该价位附近时，股价均转头向上，表明盘内确有支撑力量，因此当日的 K 线为十字星形态。

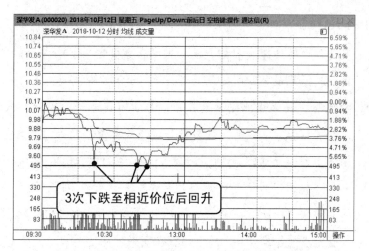

图 6-3 深华发 A 在 2018 年 10 月 12 日的分时图

在下跌低位出现十字星的 K 线形态有多空走势反转的意味，而判断此时是否真的是浪 1 的开始，则需要看接下来盘内的多空表现。

从 K 线图中可以明显地发现，在 10 月 12 日创出低价之后，股价正式止跌，开始缓慢上行，成交量上依旧没有其他表现。进入 12 月，成交量明显放大，走出量增价涨的走势，此时才能确定股价见底之后确是浪 1 的开始，即浪 1 的前半部分为筑底的形态。

关于浪 1，投资者最安全的介入期是在股价出现明显上涨走势的时候，因为大部分的浪 1 都有一段时间较长的筑底期。此时介入的话，会比较容易造成资金占用。

NO.060 寻找浪 2 回调修复的机会

浪 2 是对浪 1 上涨走势的回调修复，由于此时投资者还没有从熊市的思维模式中走出来，因此，一旦出现不断走低并逼近前期低位的时候，很多投资者会不计成本地予以抛售，因此判定浪 2 在波浪理论中占有比较重要的意义。

浪 2 的预判意义如下。

◆ 浪 2 几乎要吃掉浪 1 的升幅，当成交量极度萎缩时，股价才会不创新低。因此浪 2 回调的最低点必须高于浪 1 的起始点。

◆ 由于浪 1 是市场刚刚从熊市中的最低点走出来，因此，当浪 1 结束开始运行第 2 浪时，许多投资者还是停留在熊市的思维模式中，将浪 1 看作是反弹。因此，当浪 2 开始运行时，就理所当然地认为，浪 2 还将探出新低，因此相对来说抛售意识非常强，这就使得浪 2 的调整幅度较大，一般最起码的调整幅度为浪 1 的 61.8%，常规的调整幅度也会有 70%，最大调整幅度将可能达到 80% 甚至更高。

◆ 在时间上，浪 2 很少长过浪 1，除了浪 1 的时间很短、幅度较大，则浪 2 的运行波幅会大于浪 1 的时间以外，浪 2 通常在浪 1 运行时间的 20% 至 90% 之间完成。

实例分析

深华发 A（000020）浪 1 之后的浪 2 回调

如图 6-4 所示为深华发 A 在 2018 年 9 月至 2019 年 2 月的 K 线走势。

从图中可以比较明显地看见，浪 1 有着 5 个子浪，这 5 个子浪在短期内推动浪 1 完成了反转上涨的走势，在这 5 个子浪中，子浪 2 和子浪 4 为期间的回调浪，子浪 1、3、5 为驱动浪，浪 1 的这波上涨涨幅为 42.11%，涨幅较为明显。

在浪 1 上涨之后，紧接着迎来了浪 2，从 K 线图中可以看出，浪 2 的持续时间短于浪 1，回调幅度为浪 1 的 91.75%，幅度较大，但未跌破浪 1 开始的低点便止跌，说明波浪形态有效。

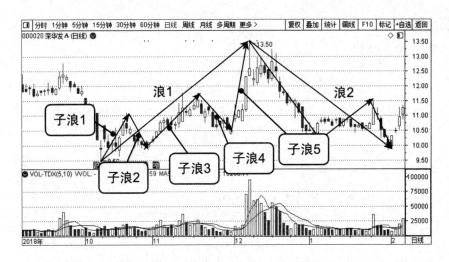

图6-4 深华发A在2018年9月至2019年2月的K线走势

在浪2回调的过程中，成交量从高涨变为萎靡，显示盘内持股者的观望心态。

在K线图中可以看出，浪2同样具有3个子浪，两个主下跌一个主回弹，如果仅从该段走势看，可以将其看为一个比较完整的波浪形态，由此可见，波浪形态在股价走势中的常见性与实用性。

NO.061 抓住浪3的暴涨

浪3出现在浪2的回调走势之后，股价在经历了调整后再次启程上涨，此时的涨势爆发力较强，通常会是整个循环浪中最长的一浪，其上升的空间和幅度亦常常最大；浪3的运行轨迹，大多数都会发展成为一涨再涨的延升浪。

在成交量方面，成交量急剧放大，体现出具有上升潜力的量能；在图形上，常常会以势不可挡的跳空缺口向上突破，给人一种突破向上的强烈信号，其上升幅度事前并无限制，浪3可以是浪1的1.618倍，也可以攀上2.618倍甚至更高。

实例分析

中信海直（000099）浪3的主升浪

如图6-5所示为中信海直在2018年9月至2019年3月的K线走势。

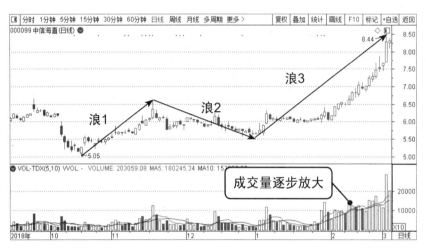

图 6-5 中信海直 2018 年 9 月至 2019 年 3 月的 K 线走势

由图中可知，中信海直的股价在 2018 年 10 月中旬开始止跌并上涨，到 11 月中旬股价第一波上涨结束，涨幅达到 31.29%，此为波浪形态的浪 1。之后迎来回调，成交量逐步缩小，至 2019 年 1 月初回调结束。

之后稍作停歇，股价开始了连续的阳线拉升上涨，该阶段的成交量也明显放大，为量增价涨的量价形态，该阶段股价的涨幅达到 51.53%，为浪 1 的 1.82 倍。

寻找浪 3 阶段内任意两个交易日的盘内分时走势来观察该阶段股价上涨的迅猛，如图 6-6 所示。

由图中可知，中信海直的股价在 2019 年 1 月 4 日和 1 月 7 日这两个交易日内，均表现出量价配合、股价不断攀爬的形态，显示了上涨的迅猛。

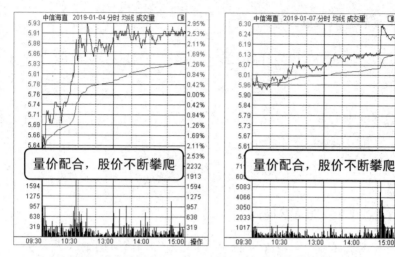

图 6-6 中信海直 2019 年 1 月 4 日和 1 月 7 日的分时图

投资者如果错过了浪 1 的走势，未能及时介入，那么在浪 3 出现时，则一定不可放过，那么在该阶段内，投资者最佳的介入时机为何时呢？前期浪 1 上涨后，股价回调，在迎来浪 3 后，股价大涨，投资者的最佳接入点应当是股价突破前期浪 1 的上涨高位时，如中信海直该阶段内的浪 1 上涨高位为 2018 年 11 月 19 日的 6.63 元，浪 3 中在 2019 年 2 月 15 日，股价上涨突破了该价位，并在接下来的 2 月 18 日站稳走势，此时即为比较安全的介入期，如图 6-7 所示为这两日的分时图。

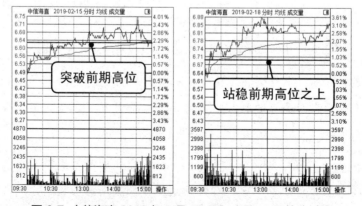

图 6-7 中信海直 2019 年 2 月 15 日和 2 月 18 日的分时图

NO.062 规避浪4的调整

在经历过浪3的大幅拉升后，股价会再次停歇进行调整，以备浪5的继续上涨。

波浪理论中的浪4可以是任何一种调整浪，以平台调整形态居多，相比而言，三角形调整形态比较少见。

实例分析

中信海直（000099）浪4的回调

如图6-8所示为中信海直2018年10月至2019年4月的K线走势。

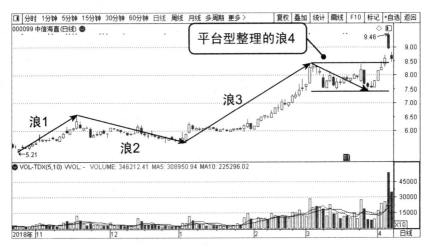

图6-8 中信海直2018年10月至2019年4月的K线走势

由图中可知，中信海直的股价在前期走完了浪1、浪2和浪3的走势，在浪3阶段性上涨高点达到8.44元之后，股价开始了调整走势，即波浪形态的浪4。

从K线图中可以明显地看出，该浪4属于平台型的整理形态，因此当股价上涨突破该平台高点时，即意味着浪4调整走势的结束，此时投资者的又一买入点来临。

NO.063 识别尾声惊喜的浪5

在经过了浪4的回调整理之后，浪5获得了重新向上的动力，并走出一轮不错的上涨行情，往往在这一上涨行情的推动下，股价会创出整个五浪上升趋势中的最高点。

需要注意的是，不是每一个浪5都能创出最高点，失败的浪5就不会超过前期浪3的顶部。浪5的出现意味着顶部的来临，因此它具有以下特点。

◆ **价量背离**：浪3是整个行情主升段，会伴随着大量，气势宏伟。而5浪虽有创新高的动能，但量却不及3浪。

◆ **技术指标背离**：像MACD、RSI都会严重背离。有点倒踢紫金冠的味道。

◆ **涨跌家数背离**：指数上涨，理应是上涨家数超过下跌家数，但在行情末端，却会发生上涨家数少于下跌家数。

实例分析

美丽生态（000010）浪5的最后上涨

如图6-9所示为美丽生态在2018年4月至9月的K线走势。

图6-9 美丽生态2018年4月至9月的K线走势

由图中可知，美丽生态的股价在 2018 年 5 月至 8 月底完成了浪 1 至浪 4 的走势，在进入 9 月后，股价突破前期浪 3 的高点，宣布浪 5 走势的开始。

可以看见，该阶段的浪 5 形态并未出现良好的上涨，而是在不断的震荡走势出创出阶段性高点 5.15 元，观察该阶段的成交量表现，为不断缩小的形态。

来看一下该阶段内单日的量价走势，如图 6-10 所示为美丽生态 2018 年 9 月 10 日至 9 月 12 日的分时图。

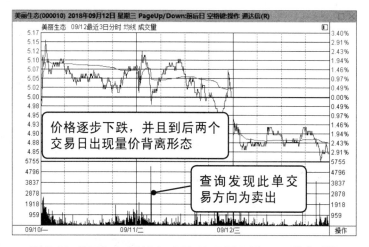

图 6-10　美丽生态 2018 年 9 月 10 日至 9 月 12 日的分时图

由图中可知，美丽生态的股价在这 3 个交易日呈逐步下跌的走势，9 月 10 日盘内创出新高 5.15 元之后，迅速回落。

并且在 9 月 11 日的早盘时出现卖出大单，导致股价迅速回落，并且在尾盘时出现狭长的 V 形形态，虽然股价得以支撑回升，但是这一波走势放在股价上涨高位出现实在危险。

而在接下来的 9 月 12 日，股价直接低开低走，量价背离，并且尾盘时滑落在最低价位附近收盘，连续 3 个交易日股价走出了比较弱势的形态，也宣告着高位形成，后市下跌的可能性很大。

从K线上来看，美丽生态的浪5走势比较弱势，并没有出现比较明显的涨幅，在最高位停留的时间也只是一瞬，此时投资者可以先出售部分持股，待后市走势明朗再考虑其他操作。

NO.064 浪B抢反弹

在下跌三浪中，浪B属于下跌走势中的反弹上涨，具有如下的预判意义。

◆ 当前期浪A出现急速下挫后，之后产生的浪B往往会出现较为强势的反弹走势。

◆ 无论浪B的反弹走势有多强，都不能改变股价的三浪下降趋势，因此在浪B阶段，投资者还是应该以高位减持出逃为主。

实例分析

美丽生态（000010）浪B的反弹

如图6-11所示为美丽生态2018年8月至2019年2月的K线走势。

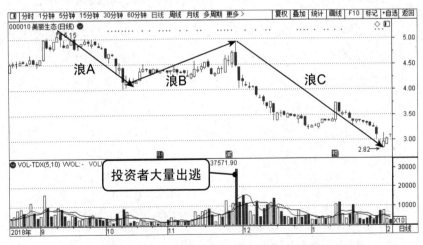

图6-11 美丽生态2018年8月至2019年2月的K线走势

由图中可知，美丽生态的股价在2018年9月初创出阶段性的高位，随后股价在高位震荡横盘运行一段时间后，便开始进入下跌走势，即浪 A 的形态出现。此时的量价关系为量缩价跌。

10 月中旬，股价止跌开始反弹，量价配合增长，并且在 2018 年 11 月 29 日成交量达到阶段性的最高，来看一下当日的盘内走势和成交统计情况，如图 6-12 所示。

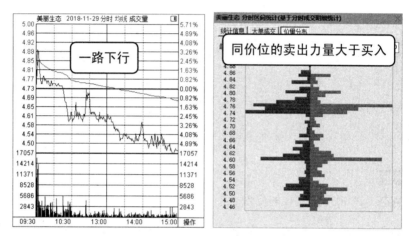

图 6-12　美丽生态 2018 年 11 月 29 日的分时图和成交量统计图

由图中可知，美丽生态的股价在 2018 年 11 月 29 日表现为高开低走，一路下行直至收盘，当日盘内的成交量上，也表现出同等价位卖出力量大于买入力量的形态，可以断定此时盘内出逃者较多，寓意反弹结束，后市继续下跌，投资者应该及时出局。

6.2　波浪理论与 K 线的综合应用

K 线作为投资分析的最基础数据，它将当日股价走势的最终情况得以展现，由于 K 线自身的局限性，仅利用单根 K 线的形态来分析股市并不能准确地达到目的，因此我们将波浪理论和 K 线分析相结合，从而更好地指导投资者的实战操作。

NO.065 早晨之星出现在浪 1

在前面的章节介绍过，早晨之星是一种常见的底部反转 K 线组合，由 3 根 K 线组成，一阴一阳两根 K 线中夹一根十字星形态的 K 线，寓意多空形势的反转。

早晨之星组合一般出现在浪 1 开始位置，预示着下跌趋势的改变，新的上涨趋势的到来。

实例分析

方大集团（000055）下跌低位出现早晨之星组合，浪 1 开始运行

如图 6-13 所示为方大集团 2018 年 8 月至 11 月的 K 线走势。

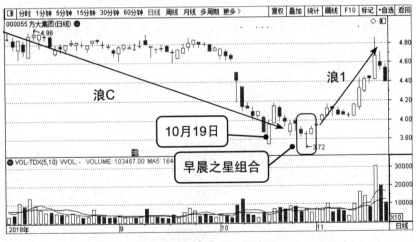

图 6-13 方大集团 2018 年 8 月至 11 月的 K 线走势

由图中可知，方大集团的股价在 2018 年 8 月至 10 月下旬处于下跌的走势，在 10 月 19 日时股价在低位止跌，之后震荡运行几个交易日，并于 10

月29日至10月31日这3个交易日走出早晨之星的组合形态。来看一下这3个交易日的分时图，如图6-14所示。

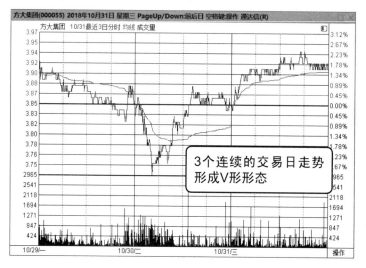

图6-14 方大集团2018年10月29日至10月31日的分时图

由图中可知，方大集团走出早晨之星组合这3个交易日的盘内走势形成V形形态，成交量方面为10月30日时较为密集，来看一下当日的大单统计情况，如图6-15所示。

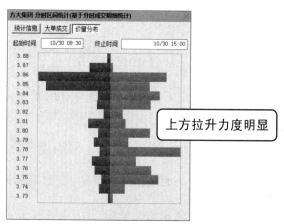

图6-15 方大集团2018年10月30日成交分布

由图中可知，方大集团在 2018 年 10 月 30 日的盘内成交中，出现比较明显的上方拉升力量，即 3.84 元~ 3.87 元的区间内，可见主力资金的介入程度比较高，因此可以将此日作为浪 1 的开端，投资者可以择机介入。

NO.066 待入线出现在浪 2 或浪 4 底部

待入线是由前阴后阳两根 K 线组合而成，前面是一条大阴线，后面是一根小阳线，小阳线的收盘价低于前阴线的收盘价，与前阴线实体有一段距离，形成"待入"状态。

待入线是很常见的 K 线组合形态，但并不是处于每一个位置的待入线都有它特殊的意义，如果它出现在调整浪浪 2 或浪 4 的底部，那么它预示着调整走势的结束，浪 3 和浪 5 的到来，显示了一种比较可靠的买入信号。

实例分析

中兴通讯（000063）浪 2 回调低位出现待入线，止跌开始浪 3 上涨走势

如图 6-16 所示为中兴通讯 2018 年 7 月至 8 月的 K 线走势。

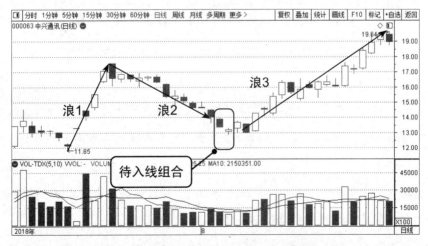

图 6-16 中兴通讯 2018 年 7 月至 8 月的 K 线走势

由图中可知，中兴通讯的股价在 2018 年 7 月 11 日创出阶段性低价 11.85 元之后便开始浪 1 的运行，在短短几个交易日内股价便从低位的 11.85 元上涨至高位的 17.56 元，涨幅达到 48.19%。

在较为迅猛的浪 1 上涨之后，于 7 月 18 日迎来浪 2 的回调，此次回调幅度较大，以多根阴线夹杂小实体阳线的形式下跌，在 8 月 3 日和 8 月 6 日连续两个交易日的走势中，形成待入线形态，寓意止跌。来看一下这两日盘内的走势情况，如图 6-17 所示。

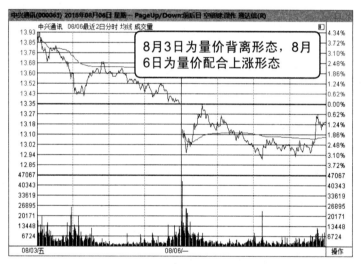

图 6-17 中兴通讯 2018 年 8 月 3 日和 8 月 6 日的分时图

由图中可知，中兴通讯股价在 8 月 3 日高开低走，以最低价收盘，接下来的 8 月 6 日股价低开，盘内震荡运行，以稍高于开盘价的价位收盘，从量价形态来看，这两个交易日内经历了量价背离到量价配合上涨的过程。

分时图上可以比较明显地看出两个交易日的跳空缺口，前面介绍过，出现缺口，股价一般会在短时间内进行回补，那么该缺口出现在浪 2 的低位，那么回补就意味着股价止跌，浪 2 结束。

观察发现，在出现跳空缺口的下一交易日（即 8 月 7 日），股价便高开高走，将缺口补平，浪2也止跌，在后市开始浪3的上涨走势。

NO.067 向上跳空星线出现在浪3或浪5顶部

向上跳空星线是由一长一短的两根K线组合而成的图形，前一根为大阳线，后面跟着一根跳空的小K线（不论阴阳实体）。

从形态上便知道，向上跳空星线是出现在股价运行的较高区间，当它出现时，显示短期上涨行情结束，股价会下跌，投资者应暂时卖出手中持有的股票。

如果向上跳空星线出现在浪3或浪5的上涨高位，则意味着这一波涨势结束，即将开始回调/下跌。

实例分析

海王生物（000078）浪3上涨高位出现向上跳空星线，开始浪4回调

如图6-18所示为海王生物2018年11月至2019年3月的K线图。

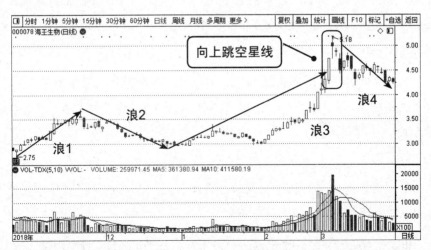

图6-18 海王生物2018年11月至2019年3月的K线图

由图中可知，海王生物的股价在2018年11月至2019年3月初走出了浪1~浪3的形态，并且在浪3的上涨高位形成向上跳空星线组合。来看一下这两个交易日的盘内走势，如图6-19所示为海王生物2019年3月5日和3月6日的分时图。

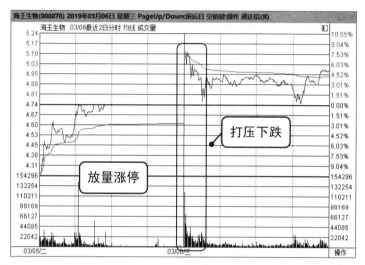

图6-19 海王生物2019年3月5日和3月6日的分时图

由图中可知，海王生物的股价在2019年3月5日低开高走，在成交量的推动下直至涨停。在3月6日，股价高开低走，开盘后即出现大量卖出成交，打压股价一路下滑，量价呈背离形态。

从这两日的分时图来看，在3月6日是盘内的持股已呈现不稳定的状态，开盘便出现大量抛售，如图6-20所示为海王生物2019年3月6日的盘内成交统计。

由图中可知，海王生物在3月6日的盘内成交大单中，卖出方向的大单成交占比达到40.00%，可见此时盘内高位抛售压力较大，大部分投资者都选择了高位获利出局以求落袋为安。

出现这样的情况，股价上涨的动力不足，会开始一波下跌，即浪3结束，浪4开始。

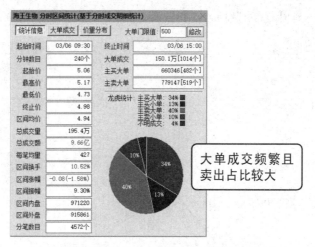

图 6-20 海王生物 2019 年 3 月 6 日盘内成交统计

NO.068 上升三法出现在浪 3 或浪 5 的中部

上升三法组合由 5 根 K 线组成，左右两侧各是一根大阳线，中间是连续的 3 根下跌阴线，股价被这 3 根阴线降到左侧大阳线的开盘价附近。

上升三法组合出现在股价上涨过程中，可视为暂停交易或休整期间。这种走势的心理背景是投资者对于趋势的持续力产生怀疑。当市场出现窄幅波动的盘整走势时，怀疑会递增。然而，一旦多头察觉价格无法创新低或新高，就会恢复原来的气势，价格也迅速创新高。

> **小贴士** *上升三法的回调信号*
>
> 上升三法组合如果出现在股价运行的高位区间，即浪 3 或浪 5 的顶部，预示着股价的见顶，发出的是卖出信号。

实例分析

广弘控股（000529）浪 5 上涨途中出现上升三法，继续涨势如图 6-21 所示为广弘控股 2018 年 8 月至 2019 年 4 月的 K 线走势。

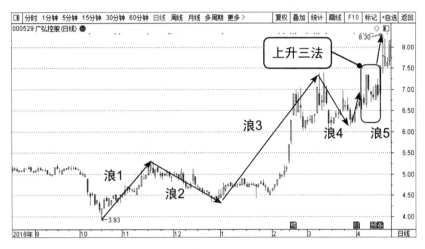

图 6-21　广弘控股 2018 年 8 月至 2019 年 4 月的 K 线走势

　　由图中可知，广弘控股的股价在 2018 年 10 月中旬开始波浪形态的走势，截至 2019 年 3 月下旬，浪 4 调整完毕，开始波浪形态的最后一搏拉升上涨，即浪 5。在上涨过程中的 4 月 8 日至 4 月 12 日的这 5 个交易日中，股价走出的 K 线形态的上升三法组合，如图 6-22 所示为这一期间的分时图。

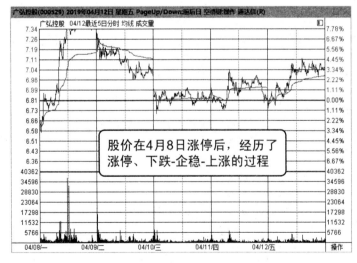

图 6-22　广弘控股在 2019 年 4 月 8 日至 4 月 12 日的分时图

由图中可知，广弘控股的股价在 2019 年 4 月 8 日至 4 月 12 日这一期间经历了涨停—下跌—企稳—上涨的过程，从盘面来看，该股走势比较稳定，多方逐渐找回对市场的把控能力。来看一下这一期间成交情况是否表现稳定，如图 6-23 所示。

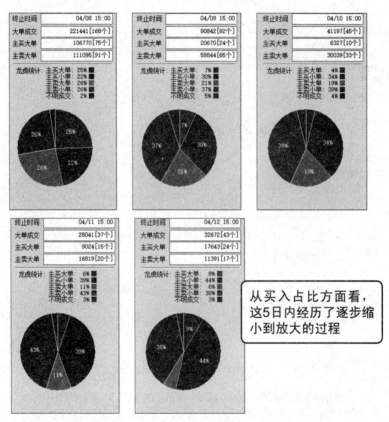

图 6-23 广弘控股 2019 年 4 月 8 日至 4 月 12 日盘内成交统计

由图中可知，广弘控股在 4 月 8 日至 4 月 12 日这一期间内，买入成交量的表现经历了逐步缩小至缓慢增加的过程，显示盘内的买方力量积聚，表示浪 5 的涨势还未结束，后市将会继续一波涨势。

NO.069 红三兵出现在浪 3 或浪 5 的前期

红三兵是指由 3 根连续上涨的阳线组成的形态，接连推动股价上涨。如果在股价运行的低位或者是股价运行的上升趋势中出现红三兵，表示盘内买盘力量积聚，股价看涨，因此，如果红三兵出现在浪 3 或浪 5 的前端，则表明股价的调整结束，后市会继续拉升。

实例分析

中国宝安（000009）浪 3 前端出现红三兵，后市拉升

如图 6-24 所示为中国宝安 2018 年 11 月至 2019 年 3 月的 K 线走势。

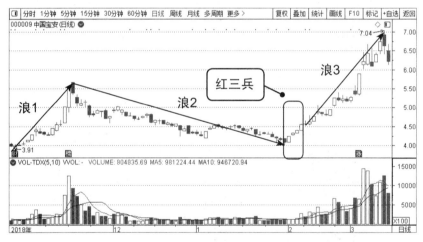

图 6-24 中国宝安 2018 年 11 月至 2019 年 3 月的 K 线走势

由图中可知，中国宝安的股价在 2018 年 11 月开始上涨，在浪 1 上涨的高位出现放量拉升的形态。之后股价开始调整，成交量逐渐萎缩，从 K 线图上来看，浪 2 的回调幅度较大，但未跌破浪 1 的起点。

进入 2 月，股价止跌，在低位走出红三兵组合形态，股价有止跌上涨之意，来看一下这 3 个交易日的盘内走势，如图 6-25 所示。

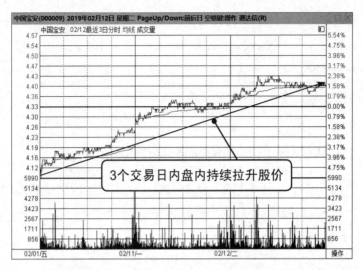

图 6-25　中国宝安 2019 年 2 月 1 日、2 月 11 日和 2 月 12 日分时图

从分时图中可以看出，在形成红三兵的这 3 个交易日内，股价持续拉升，从 4.09 元（第一日开盘价）附近拉升至 4.40 元（第三日收盘价），总体涨幅达到 7.08%。

接下来看一下盘内的量能表现情况，如图 6-26 所示为这 3 个交易日盘内的成交统计情况。

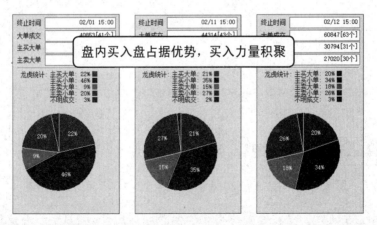

图 6-26　中国宝安 2019 年 2 月 1 日、2 月 11 日和 2 月 12 日盘内成交统计

由图中可知，中国宝安的成交量统计在 2019 年 2 月 1 日、2 月 11 日和 2 月 12 日这 3 个交易日内，表现出的特点为买入盘远大于卖出盘，并且买入大单占比稳定，表示盘内买入量能积聚，股价正式结束浪 2 的回调，开始浪 3 的快速拉升走势，投资者在此时可以放心介入。

NO.070 三只乌鸦出现在浪 3 或浪 5 高位

三只乌鸦组合由 3 根接连下跌的阴线，该组合一般出现在股价运行的较高位，寓意盘内局势的反转，如果出现在浪 3 或浪 5 的运行较高位，则投资者需要谨慎操作，谨防后市下跌。

实例分析

深桑达 A（000032）浪 3 高位出现三只乌鸦，后市回跌调整

如图 6-27 所示为深桑达 A 在 2018 年 12 月至 2019 年 4 月的 K 线走势。

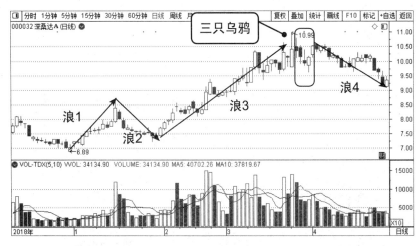

图 6-27 深桑达 A 在 2018 年 12 月至 2019 年 4 月的 K 线走势

由图中可知，深桑达 A 的股价在 2019 年 2 月开始浪 3 的拉升走势，这波上涨持续时间接近 2 个月。在 3 月下旬，浪 3 逐渐进入高位期，此时的浪

3 从浪 2 回调的低点 7.20 元已经上涨至阶段性最高位的 10.99 元，仅这一阶段的涨幅便达到 52.64%。

在 2019 年 3 月 25 日创出阶段性高位 10.99 元之后，股价在接下来的 3 个交易日内均收出阴线，形成高位的三只乌鸦组合。来看一下这 4 个交易日的分时图，如图 6-28 所示。

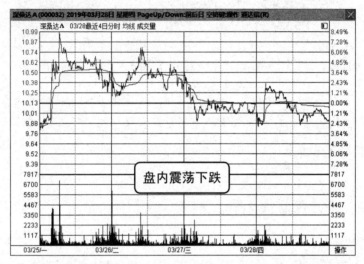

图 6-28 深桑达 A 在 2019 年 3 月 25 日至 3 月 28 日的分时图

由图中可知，深桑达 A 的股价在 2019 年 3 月 25 日的早盘出现大幅拉升创出最高价 10.99 元，在之后的连续 3 个交易日内，走势均呈现出震荡下跌的形态，寓意盘内的持股稳定性不如之前，如图 6-29 所示为该阶段内的每日成交统计。

由图中可知，深桑达 A 在 2019 年 3 月 26 日至 3 月 28 日这几个交易日内，卖盘的力量逐渐积聚，买盘逐渐萎缩，在连续的拉升走势之后，多方表现开始疲劳，因此投资者要注意后市的回跌调整走势。

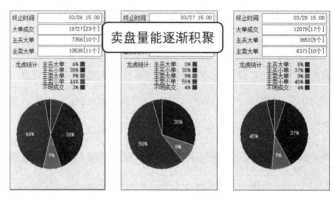

图 6-29 深桑达 A 在 2019 年 3 月 26 日至 3 月 28 日的盘内成交统计

因为在浪 3 的高位出现，因此寓意浪 4 的到来，如果这样的走势出现浪 5 的高位，则投资者要注意后市的大幅反转，为了保证资金的安全性，建议投资者选择落袋为安。

NO.071 多针探底线出现在浪 C 末端

多针探底是指在下跌过程中，出现了多根长下影线的小实体 K 线（可不连续出现），这几根 K 线的下影线探出的低位接近，且后面 K 线的最低价不能低于第一根 K 线的最低价。

在下跌的低位出现多针探底组合形态，有股价见底的含义，如果将该形态与波浪理论结合起来，则为在浪 C 的下跌低位出现多针探底，寓意浪 C 的走势即将结束，股价后市继续下跌的可能性较低或将会开始浪 1 的上涨走势。

实例分析

北部湾港（000582）浪 C 低位出现多针探底，后市反转上涨

如图 6-30 所示为北部湾港 2018 年 8 月至 11 月的 K 线走势。

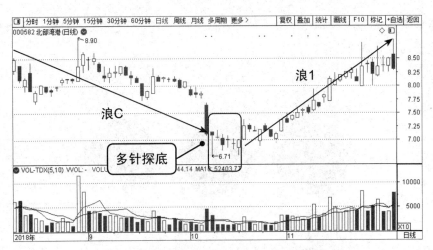

图6-30 北部湾港2018年8月至11月的K线走势

由图中可知，北部湾港的股价在2018年8月至9月一直处于下跌走势，在进入10月之后，股价出现止跌，并在低位收出多根长下影线K线，且后面的下影线探出的低位都未超过第一根K线探出的低位，形成多针探底组合形态，如图6-31所示为该阶段内股价的分时图。

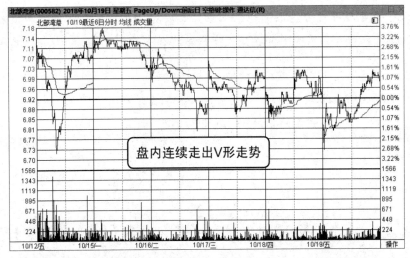

图6-31 北部湾港2018年10月12日至10月19日的分时图

由图中可知，北部湾港的股价在这段时间内盘内连续走出V形走势，反转意味浓烈。来看一下成交量方面的表现，如图 6-32 所示为该阶段内成交量的统计情况。

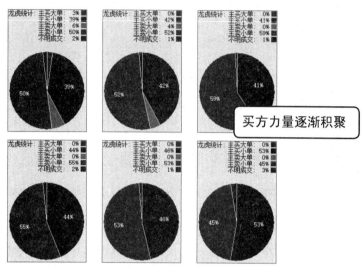

图 6-32 双针探底阶段的成交量表现

由图中可知，在 2018 年 10 月 12 日至 10 月 19 日这 6 个交易日中，北部湾港的盘内买盘力量逐渐积聚，虽然主要以小单成交，但买入力量在逐渐增强，也意味着投资者开始涌入，后市将会止跌上涨。

从 K 线图中也可看出，北部湾港的股价在出现多针探底组合形态之后，开始了缓慢的上涨走势，即浪 C 结束，浪 1 开始运行。为安全起见，投资者可以在股价出现明显的止跌上涨走势后再介入。

6.3 波浪理论与黄金分割律的综合应用

说到波浪理论，就不得不提黄金分割比率，波浪理论作为比较经典的投资分析理论，它与黄金分割比率有着密不可分的关系，下面我们来进行详细介绍。

NO.072 斐波纳契数列和黄金分割律

斐波那契数列是由意大利的数学家列昂纳多 . 斐波那契在 1202 年研究兔子产崽现象时发现的数列，该数列为：

1，1，2，3，5，8，13，21，34，55，89……

以上数列中的每一个数被称为斐波那契数，将这些数利用数学归纳法，计算得出该数列前一项与后一项的比的极限以及与黄金分割率（黄金比的精确值为 0.6180339887498948482045868343656564，一般使用数为 0.618）。

斐波那契数列与黄金分割的关系如表 6-1 所示。

表 6-1　斐波那契数列与黄金分割关系

数列	前项与后项比值	与黄金分割差的绝对值
1	1.000	0.382
2	0.500	0.118
3	0.667	0.049
5	0.6000	0.018
8	0.625	0.007
13	0.616	0.003
21	0.619	0.001
34	0.618	0.000
45	0.618	0.000
……	……	……

可以看到，越到后面，数列的值越大，前一项与后一项的比值越接近0.618，即黄金比值。

NO.073 波浪理论与黄金分割的关系

波浪理论认为，股价波动的完整过程是由8个波段构成，其中5上3下（或者3上2下），无论是小的波浪形态还是大的波浪形态均是如此。

这里需要注意的1，2，3，5，8，这几个数字，都是斐波那契数列里面的数，而斐波那契数列又与黄金分割有密切关系，因此波浪理论与黄金分割的关系也比较密切。

黄金分割率是一组自然和谐的比率，是指将1分割为0.618和0.382，应用在技术分析上，则是指当波浪的子浪在运行调整时，0.382和0.618将作为回调或反弹的关键位，以此类推，1.382和1.618处也具有比较重要的意义。

结合黄金分割率，理想的艾略特波浪目标测算如下：

浪 2=0.618× 浪 1

浪 4=0.382× 浪 3

浪 5=1.618× 浪 1=0.618× 浪 3

浪 2=0.618× 浪 4

在浪 2 中，子浪 a= 子浪 b= 子浪 c

在浪 4 中，子浪 a= 子浪 c

在浪 4 中，子浪 b=0.236× 子浪 a

当然，以上的测算为理想性的测算，在股价实际的运行过程中，肯定不会这么准确。

第7章

借助技术指标，选股更客观

在行情分析软件中，提供了很多的技术指标以帮助投资者进行行情分析。根据指标的侧重点，可以将技术指标分成多个板块，通过这些指标可以对行情进行比较全面的把控。

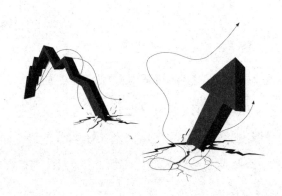

7.1 MA 指标的解读

MA 指标是英文 Moving average 的简写，叫移动平均线指标，该指标具有趋势的特性，比较平稳，不像日 K 线会起起落落地震荡。越长期的移动平均线，越能表现稳定的特性，它不轻易向上向下，必须等股价趋势真正明朗时才变化，因此该指标是一种趋势追踪工具。

NO.074 MA 指标的特点形态

MA 指标存在一定的滞后效应，经常股价开始表现回落时，移动平均线却还是向上的，等股价跌落显著时，移动平均线才会走下坡。为了弥补这个缺陷，可以设置多条不同计算天数的移动平均线，从不同周期了解股价的总体运行趋势，如图 7-1 所示为通达信行情软件中显示的不同周期的移动平均线。

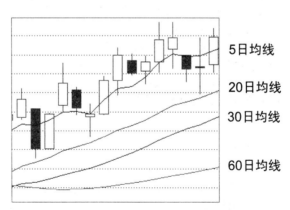

图 7-1 通达信软件中不同周期 MA 指标的显示

从行情软件的显示中，可以很明显地看见，当股价走势明朗时，移动平均线的显示也呈现出比较规律的特点，例如在上涨走势中，短期均线因为对股价最为敏感，因此与 K 线走势最为密切，位于最上方，中期均线居中，长期均线因为对股价敏感度相对最低，所以位于最下方。

NO.075 MA 指标的类型和优缺点

根据周期设置的长短，我们可以将移动平均线分为短期、中期和长期，常见的周期设置数据如下。

- **短期**：5 日均线、10 日均线。
- **中期**：20 日均线、30 日均线、60 日均线。
- **长期**：120 日均线、200 日均线、240 日均线。

MA 指标的优点如下所示。

- 移动平均线可观察股价整体走势，而不用考虑股价的偶然变动，这样投资者可自动选择出入市的时机。
- 均线能显示出入货的信号，将风险水平降低。
- 均线分析比较简单，使投资者能清楚了解当前价格的动向。

MA 指标的缺点如下所示。

- 移动平均线变化缓慢，不易把握股价趋势的高峰与低谷。
- 在价格波幅不大的牛皮期间，平均线折中于价格之中，出现上下交错型的出入货信号，使分析者无法定论。
- 具有一定的滞后性，在股价原有趋势发生反转时，由于移动平均线的追踪趋势的特性，它的行动往往过于迟缓，调头速度会落后于大趋势，等均线发出反转信号时，股价调头的幅度已经较大了。

NO.076 通达信软件中设置 MA 指标的步骤

通达信软件中设置 MA 指标的方式比较简单，投资者只需要几个步骤便能设置出需要的参数周期。

实例分析

在通达信软件中设置 MA 指标

第一步，在 K 线图界面单机鼠标右键，选择"主图指标／选择主图指标"命令，如图 7-2 所示。

图 7-2 选择"主图指标"命令

第二步，在打开的对话框中，选择"MA 均线"选项，并在右侧的参数框内设置需要的参数，设置完成后单击"确定"按钮即可，如图 7-3 所示。

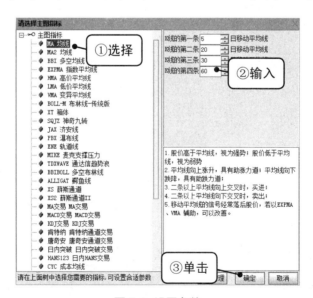

图 7-3 设置参数

第三步，设置完成后，返回 K 线图界面，即出现了按照参数设置显示的 MA 指标。

NO.077 MA 指标的多头和空头排列

MA 指标多头排列是指短期、中期和长期均线从高到低依次排列，并且向右上方延伸，如图 7-4 所示。

图 7-4 MA 指标的多头排列

MA 指标呈现多头排列形势，说明投资者看好后市，纷纷买入，预示短期走势看涨，投资者可积极买入。

MA 指标空头排列是指短期、中期和长期均线从低到高依次排列，并且向右下方延伸，如图 7-5 所示。

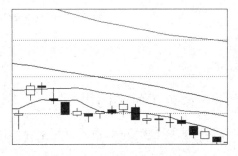

图 7-5 MA 指标的空头排列

MA 指标呈现空头排列，说明投资者正在纷纷卖出，后市将进入跌势，是卖出信号。

实例分析

深康佳 A（000016）MA 指标的多头排列和空头排列

如图 7-6 所示为深康佳 A 在 2017 年 7 月至 2018 年 12 月的 K 线走势。

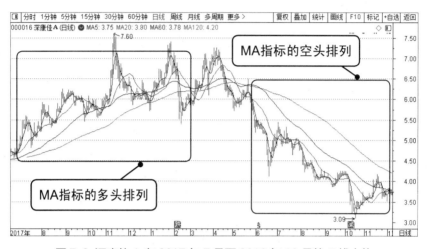

图 7-6 深康佳 A 在 2017 年 7 月至 2018 年 12 月的 K 线走势

由图中可知，深康佳 A 的 MA 指标在 2017 年 7 月至 2018 年 3 月均表现出短期均线最上方、中期均线居中、长期均线最下方的排列形态，为多头排列，显示盘中看涨，股价稳步上涨。

在 2018 年 6 月至 11 月，MA 指标表现出长期均线最上方、中期均线居中、短期均线最下方的形态，为空头排列，显示盘中看跌，股价也一直保持下跌走势。

NO.078 MA 指标的金叉和死叉运用

在 MA 指标中，如果周期较短的均线自下而上穿过周期较长的均线，形成的交叉被称为金叉，寓意短期内后市看涨。

如果周期较短的均线自上而下穿过周期较长的均线，形成的交叉被称为死叉，寓意短期内后市看跌。

实例分析

深圳能源（000027）出现连续金叉，后市看涨

如图 7-7 所示为深圳能源 2019 年 1 月至 3 月的 K 线图。

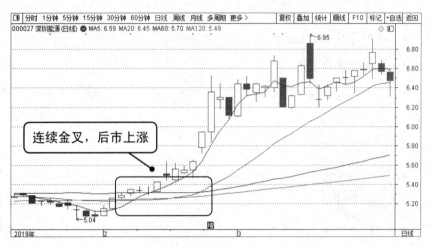

图 7-7 深圳能源 2019 年 1 月至 3 月的 K 线图

由图中可知，深圳能源的 MA 指标线在 2019 年 1 月至 2 月初均处于黏合的状态。在 2 月中旬，短期均线自下而上分别穿过中期和长期均线，形成连续金叉。

2 月下旬，中期均线再次自下而上穿过长期均线，在半个月内连续出现金叉形态，并且在之后形成了多头排列，显示盘内看涨，股价开始大幅上涨。

NO.079 移动平均线的应用——葛兰威尔法则

在移动平均线理论中，美国投资专家葛兰威尔创造的八项法则是其中的精华。下面就为大家简要地介绍一下葛兰威尔所提出的移动平均线买进和卖出的八大法则。

移动平均线四大买进法则如下。

◆ 均线从下降逐渐走平转为上升，而股价从均线下方突破均线时，为
买进信号。

◆ 股价下跌未破均线，并重现升势，而且均线仍为上升趋势，为买进
信号。

◆ 股价虽跌破上升的均线，但不久又掉头向上，并运行于均线的上方，
此时可加码买进。

◆ 股价跌破均线，并远离均线时，很有可能产生一轮强劲的反弹行情，
这也是买进信号。

移动平均线四大卖出法则如下。

◆ 股价急速上涨远离上升的均线时，投资风险加大，股价随时会出现
回跌，为卖出信号。

◆ 均线走势从上升逐渐走平转为下降，而股价从均线的上方往下跌破
均线时，为卖出信号。

◆ 股价跌落于平均线之下，然后向均线反弹回升，但未突破均线即受
阻回落，为卖出信号。

◆ 股价虽反弹突破均线，但不久又跌到均线之下，而此时均线仍在下
跌时，为卖出信号。

在进行走势分析时，投资者观察均线与股价的关系，可以直接对应葛
兰威尔法则进行操作。

7.2 MACD 指标的解读

MACD 为 Moving Average Convergence Divergence 的缩写，MACD 指

标又称为平滑异同移动平均线，是比较常用的投资分析指标。

NO.080 认识 MACD 指标

MACD 是查拉尔·阿佩尔（Geral Appel）于 1979 年提出的，由一快及一慢指数移动平均（EMA）之间的差计算出来。"快"指短时期的 EMA，而"慢"则指长时期的 EMA，最常用的是 12 日及 26 日 EMA。

MACD 指标由 BAR 柱线、DIF 线及 DEA 线组成，由快的指数移动平均线（EMA12）减去慢的指数移动平均线（EMA26）得到快线 DIF，再用 2×（快线 DIF-DIF 的 9 日加权移动均线 DEA）得到 MACD 柱，也称为 BAR 柱线，其形态如图 7-8 所示。

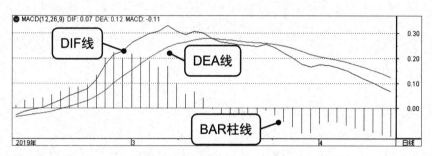

图 7-8 MACD 指标的形态

NO.081 MACD 指标的金叉和死叉

金叉和死叉是 MACD 指标分析中最重要和最常用的一种形态，也是分析行情研判后市走势的重要形态。

金叉泛指 DIF 从 DEA 下方向上穿过 DEA 时形成的交叉。实战中，根据金叉发生的时间和空间不同，可以将金叉细分为反弹金叉、弱势金叉、顺势金叉，以及二次金叉甚至三次金叉等几种。

死叉是指 DIF 从 DEA 上方向下穿过 DEA 时形成的交叉。因其所在空间位置和出现的时间不同，死叉也表达出不同的市场意义。远离0轴线上方的死叉与处于下降趋势中的死叉危险性更大；在下降趋势中，在0轴线附近的死叉，比下方远离0轴线的死叉危险性更大。

小贴士 *盘整行情的金叉和死叉不具有实战意义*

在明显的趋势性行情中，金叉与死叉发出的信号比较可靠。但在一个盘整行情里，由于DIF和DEA经常出现反复交叉的情况，此时形成的交叉往往没有实战指导意义。

实例分析

全新好（000007）通过金叉和死叉来做出操作判断

如图7-9所示为全新好2018年12月至2019年4月的K线走势。

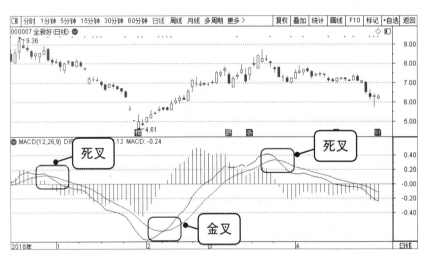

图7-9 全新好2018年12月至2019年4月的K线走势

由图中可知，全新好的MACD指标在2018年12月下旬，DIF线自上而下穿过DEA线，形成死叉，之后两线保持下行走势，对应该阶段的股价也保持下跌形态。

在下跌至2019年2月初，股价创出阶段性低位4.61元之后，表现出止跌开始回升的形态，此时对应的 DIF 线也表现出转势上行，并在几个交易日后自下而上穿过 DEA 线，形成金叉，金叉之后，两线继续上行，股价也对应上涨。

在 3 月下旬，股价连续上涨接近 2 个月之后，开始表现出震荡形态，此时的 MACD 指标中的 DIF 线也出现震荡，并在 3 月 26 日自上而下穿过 DEA 线，形成死叉形态，对应的股价走势也为下跌。

从这个案例中可以看出，DIF 线对于股价的走势比 DEA 线要敏感，因此金叉和死叉的形成都是通过 DIF 线上穿或者下穿 DEA 线的动作完成。因为 DEA 线的反应会稍微迟钝的原因，金叉和死叉的形成对于走势的预判相对于股价实际走势而言会晚几个交易日，但是形态的形成也意味着股价走势中短期内会继续保持当前走势，而且该预判方法较为实际和简单，因此适用于大多数投资者。

NO.082 MACD 指标的背离应用

MACD 指标的背离形态是指股价与指标的走势形态不一致，当股价在连续上涨创出新高的时候，指标却处于下行的形态，高位的背离称为顶背离，如图 7-10 所示。

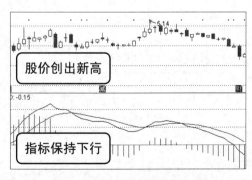

图 7-10 MACD 指标的顶背离

如果在股价下行不断创出新低，而指标却开始上行，则被称为底背离，如图 7-11 所示。

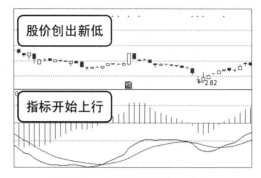

图 7-11 MACD 指标的底背离

如果在指标运行过程中，出现了与股价的顶背离，则后市看跌。股价在创出新高后会回跌，如果出现底背离，则盘中看涨，后市将会止跌上涨。

实例分析

中洲控股（000042）股价运行出现顶背离，后市下跌

如图 7-12 所示为中洲控股 2019 年 2 月至 4 月的 K 线走势。

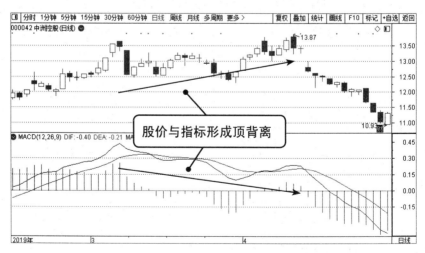

图 7-12 中洲控股 2019 年 2 月至 4 月的 K 线走势

由图中可知，中洲控股的股价在 2019 年 3 月上旬创出阶段性高位之后，出现小幅回跌，之后再次上扬创出新高 13.87 元，而同时期的 MACD 指标中两线却在第一次创出高位后开始下行走势，并在股价再次创出新高的时候，继续下滑，形成顶背离形态。

在阶段性高位出现顶背离，股价后市看跌，那么出现该形态时盘内的表现是什么样呢？来看一下在顶背离期间内，连续 4 个交易日盘内的分时走势情况，如图 7-13 所示为中洲控股 2019 年 4 月 2 日至 4 月 8 日的分时图。

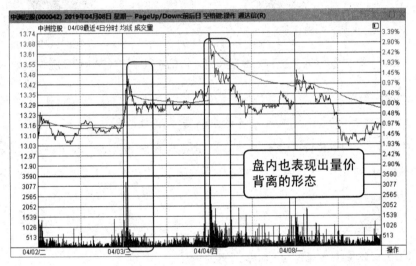

图 7-13 中洲控股 2019 年 4 月 2 日至 4 月 8 日的分时图

由图中可知，在股价与 MACD 指标出现顶背离的这一期间内，单日的股价分时图中，股价与成交量也形成背离形态，即成交量放大，股价下跌，表明此时盘内的买气涣散，投资者持股不牢，套现出局者较多，股价走势表现不稳定。

来看一下任意两日的盘内成交统计情况，如图 7-14 所示为中洲控股 2019 年 4 月 4 日和 4 月 8 日的成交统计情况。

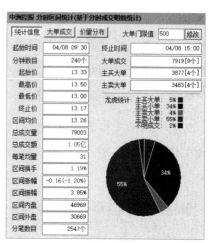

图 7-14 中洲控股 2019 年 4 月 4 日和 4 月 8 日成交统计情况

由图中可知，中洲控股在 2019 年 4 月 4 日和 4 月 8 日，盘内的成交中卖出占比远大于买入占比，显示盘内买气涣散，投资者持股不牢。结合 MACD 指标与股价的顶背离、盘内股价与成交量的背离，这几种现象结合在一起，可得出结论，该股短期内将会迎来一波下跌，投资者要尽快出局，不可过多留恋。

NO.083 BAR 柱线与行情关系分析

在实际操作分析中，投资者通过 BAR 柱线的形态也可对股价走势做出预判。

◆ 红柱持续放大，股市处于牛市中，股价将继续上涨，应持股待涨或短线买入直到红柱无法放大时再卖出股票。

◆ 绿柱持续放大时，股市将处于熊市中，股价将继续下跌，应持币观望或止损卖出，直到绿柱缩小时再少量介入。

◆ 红柱缩小，股价将结束上涨而下跌（或盘整），投资者应卖出。

◆ 绿柱缩小，股价将止跌上行（或盘整），投资者可以少量建仓。

◆ 红柱消失绿柱放出，表明股票即将止涨或高位盘整，投资者应卖出。

◆ 绿柱消失红柱放出，表明股票即将止跌向上，投资者可以逢低建仓。

实例分析

泛海控股（000046）BAR 柱线在 0 轴上方柱线不断放大，后市上涨

如图 7-15 所示为泛海控股 2019 年 1 月至 3 月的 K 线走势。

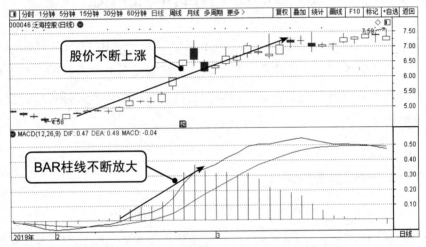

图 7-15 泛海控股 2019 年 1 月至 3 月的 K 线走势

由图中可知，泛海控股的 MACD 指标中，从 2019 年 2 月中旬起，BAR 柱线从 0 轴下方越到 0 轴上方，并在 0 轴上方不断发散增长，同时期的股价也保持不断上涨的走势，与柱线表现同步。

可以看见，此时的 DIF 和 DEA 线也呈现出上行的走势，并且在柱线开始萎缩的时候，依旧维持上行走势，而股价也继续上涨，即柱线缩小不代表股价下跌，投资者在利用柱线进行分析时，要也同时观察 DIF 和 DEA 两线的走势，不要看见柱线开始缩小便恐慌的出局，这样会丧失之后的获利机会。

如果在股价运行过程中，柱线在 0 轴下方不断发散，这也意味着同时

期的 DIF 和 DEA 形成死叉，则盘内股价看跌，如果柱线在 0 轴下方开始缩小，也不代表股价会立马止跌，也要观察同期的 DIF 和 DEA 两线的形态。

7.3 BOLL 指标的解读

BOLL 指标即布林线指标，其英文全称是"Bolinger Bands"，由约翰·布林先生创造。他利用统计原理，求出股价的标准差及其信赖区间，从而确定股价的波动范围及未来走势，利用波带显示股价的安全高低价位，因而也被称为布林带。

NO.084 BOLL 指标概述

BOLL 指标属于路径指标，有上下通道，股价在通道内运行，这条通道区的宽窄，随着股价波动幅度的大小而变化，股价涨跌幅度加大时，带状区变宽，涨跌幅度狭小盘整时，带状区则变窄，如图 7-16 所示为 BOLL 指标的基本形态。

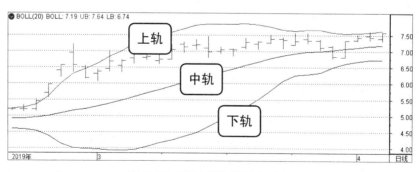

图 7-16 BOLL 指标的基本形态

BOLL 指标由 3 条轨道线构成，分别是上轨、中轨和下轨，股价在运行时会不断穿过 3 条轨道线。

NO.085 BOLL 指标的运行趋势

BOLL 指标的运行趋势分为 3 种，分别是上行、下行和横盘，如图 7-17
所示。

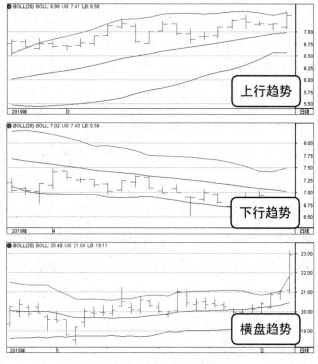

图 7-17 BOLL 指标的 3 种趋势

NO.086 BOLL 指标的轨道线与股价的关系

通过分析 BOLL 指标中 3 条轨道线与股价的关系，可以对股价后市走势
做出预判，那么 3 条轨道线对于股价有什么意义呢？具体如下。

◆ BOLL 指标中的上、中、下轨线所形成的股价通道的移动范围是不确定的，通道的上下限随着股价的上下波动而变化。在正常情况下，股价应始终处于股价通道内运行。如果股价脱离股价通道运行，则意味着行情处于极端的状态下。

◆ 在 BOLL 指标中，股价通道的上下轨是显示股价安全运行的最高价位和最低价位。上、中、下 3 条轨线都可以对股价的运行起到支撑的作用，而上轨线和中轨线有时则会对股价的运行起到压力作用。

◆ 一般而言，当股价在中轨线上方运行时，表明股价处于强势趋势；当股价在中轨线下方运行时，表明股价处于弱势趋势。

上面介绍了 3 条轨道线对股价的意义，那么 3 条轨道线在不同走势中对于股价有什么预判意义呢？具体如下。

① 当布林线的上、中、下轨线同时向上运行时，表明股价的强势特征非常明显，股价短期内将继续上涨，投资者应坚决持股待涨或逢低买入。

② 当布林线的上、中、下轨线同时向下运行时，表明股价的弱势特征非常明显，股价短期内将继续下跌，投资者应坚决持币观望或逢高卖出。

③ 当布林线的上轨线向下运行，而中轨线和下轨线却还在向上运行时，表明股价处于整理态势之中。如果股价是处于长期上升趋势时，则表明股价是上涨途中的强势整理，投资者可以持股观望或逢低短线买入；如果股价是处于长期下跌趋势时，则表明股价是下跌途中的弱势整理，投资者应以持币观望或逢高减仓为主。

④ 当布林线的上轨线向上运行，而中轨线和下轨线同时向下运行的这种可能性则是非常小。

⑤ 当布林线的上、中、下轨线几乎同时处于水平方向横向运行时，则要看股价目前的走势处于什么样的情况来判断。具体研判方法如下。

◆ 当股价前期一直处于长时间的下跌行情后开始出现布林线的 3 条线横向移动时，表明股价正处于构筑底部阶段，投资者可以开始分批少量建仓，一旦 3 条线向上发散则可加大买入力度。

◆ 当股价前期是处于小幅上涨行情后开始出现布林线的 3 条线横向移动，表明股价正处于上升阶段整理行情，投资者可以持股待涨或逢低短线吸纳，一旦 3 条线向上发散则可短线加码买入。

◆ 当股价刚刚经历一轮大跌行情后开始出现布林线的 3 条线横向移动，表明股价正处于下跌阶段的整理行情，投资者应以持币观望和逢高减仓为主，一旦 3 条线向下发散则坚决清仓离场。

一般而言，BOLL 指标中 3 条轨道线在顶部出现横向运动的可能性极小。

实例分析

中国长城（000066）BOLL 指标 3 条轨道线同时向上，后市上涨

如图 7-18 所示为中国长城 2018 年 12 月至 2019 年 4 月 K 线走势。

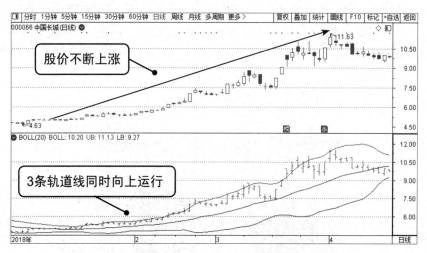

图 7-18　中国长城 2018 年 12 月至 2019 年 4 月的 K 线走势

由图中可知，中国长城的 BOLL 指标 3 条轨道线从 2019 年 2 月开始，

处于同时上行的走势，观察同时期的股价，从低位的调整走势中也开始上涨，显示盘内看涨力量较为强大。来看一下这一期间任意两个交易日的盘内分时图，如图 7-19 所示为中国长城 2019 年 2 月 21 日和 2 月 22 日的分时图。

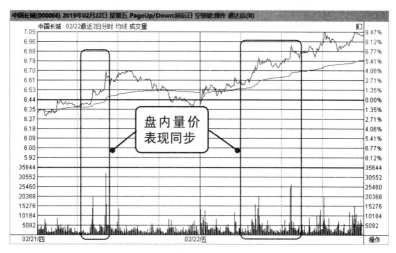

图 7-19　中国长城 2019 年 2 月 21 日和 2 月 22 日的分时图

由图中可知，中国长城在 2019 年 2 月 21 日和 2 月 22 日这两个交易日内，成交量和股价表现出同步上涨的走势，显示盘内买气较强。继续来看一下这两日的盘内成交统计，如图 7-20 所示。

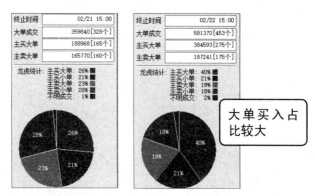

图 7-20　中国长城 2019 年 2 月 21 日和 2 月 22 日盘内成交统计

由图中可知，中国长城在 2019 年 2 月 21 日和 2 月 22 日这两个交易日内，盘中的成交量中，大单买入占比大量增加，显示盘内出现实力较强的多方，股价拉升指日可待。

NO.087 BOLL 指标的喇叭口形态

"喇叭口"是 BOLL 指标所独有的研判手段。所谓布林线"喇叭口"是指在股价运行的过程中，布林线的上轨线和下轨线分别从两个相反的方向与中轨线大幅扩张或靠拢而形成的类似于喇叭口的特殊形状。

根据布林线上轨线和下轨线运行方向和所处的位置的不同，我们又可以将"喇叭口"分为开口型喇叭口、收口型喇叭口和紧口型喇叭口 3 种类型。各种类型具体的介绍如下。

◆ **开口型喇叭口**：当股价经过长时间的底部整理后，布林线的上轨线和下轨线逐渐收缩，上下轨线之间的距离越来越小，随着成交量的逐渐放大，股价突然出现向上急速飙升的行情，此时布林线上轨线也同时急速向上扬升，而下轨线却加速向下运动，这样布林线上下轨线之间的形状就形成了一个类似于大喇叭的特殊形态，我们把布林线的这种喇叭口称为开口型喇叭口。

◆ **收口型喇叭口**：当股价经过短时间的大幅拉升后，布林线的上轨线和下轨线逐渐扩张，上下轨线之间的距离越来越大，随着成交量的逐步减少，股价在高位出现了急速下跌的行情，此时布林线的上轨线开始急速掉头向下，而下轨线还在加速上升，这样布林线上下轨线之间的形状就变成一个类似于倒的大喇叭的特殊形态，我们把布林线的这种喇叭口称为收口型喇叭口。

◆ **紧口型喇叭口**：当股价经过长时间的下跌后，布林线的上下轨向中轨逐渐靠拢，上下轨线之间的距离越来越小，随着成交量的越来越小，股价在低位反复振荡，此时布林线的上轨还在向下运动，而下轨线却在缓慢上升。这样布林线上下轨线之间的形状就变成一个类似于倒的小喇叭的特殊形态，我们把布林线的这种喇叭口称为紧口型喇叭口。

不同形态的喇叭口对于股价的预判意义也不同，这3种喇叭口形态如图 7-21 所示。

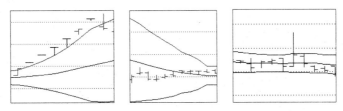

图 7-21 开口型喇叭口（左）、收口型喇叭口（中）和紧口型喇叭口形态（右）

开口型喇叭口是一种显示股价短线大幅向上突破的形态，它形成于股价经过长时间的低位横盘筑底后，面临着向上变盘时所出现的一种走势。布林线的上、下轨线出现方向截然相反而力度却很大的走势，预示着多头力量逐渐强大而空头力量逐步衰竭，股价将处于短期大幅拉升行情之中。

开口型喇叭口形态的形成必须具备两个条件。

◆ 股价要经过长时间的中低位横盘整理，整理时间越长、上下轨线之间的距离越小，则未来股价上涨的幅度越大。

◆ 布林线开始开口时要有明显的大的成交量出现。

对于开口喇叭口形态的出现，投资者如能及时短线买进定会获利丰厚。

实例分析

广聚能源（000096）出现开口型喇叭口形态，后市上涨

如图 7-22 所示为广聚能源 2019 年 1 月至 4 月的 K 线走势。

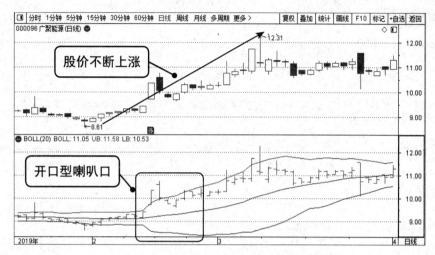

图 7-22　广聚能源 2019 年 1 月至 4 月的 K 线走势

由图中可知，广聚能源的 BOLL 指标线在 2019 年 2 月中旬结束横盘趋势，上中下 3 条轨道线开始发散运行，形成开口型喇叭口形态，显示股价开始启动，后市不断上涨，投资者可在开口型喇叭口形态形成后介入，短期内便可获得收益。

收口型喇叭口是一种显示股价短线大幅向下突破的形态，它形成于股价经过短时期的大幅拉升后，面临着向下变盘时所出现的一种走势。布林线的上下轨线出现方向截然相反而力度很大的走势，预示着空头力量逐渐强大而多头力量开始衰竭，股价将处于短期大幅下跌的行情之中。

收口型喇叭口形态的形成虽然对成交量没有要求，但它也必须具备一个条件，即股价经过前期大幅的短线拉升，拉升的幅度越大，上下轨线之间的距离越大，则未来股价下跌的幅度越大。

收口型喇叭口形态的确立是以股价的上轨线开始掉头向下、股价向下跌破短期均线为准。对于收口型喇叭口形态的出现，投资者如能及时卖出，则能保住收益，从而减少较大的下跌损失。

实例分析

通程控股（000419）出现收口型喇叭口形态，后市下跌

如图 7-23 所示为通程控股 2018 年 11 月至 2019 年 1 月的 K 线走势。

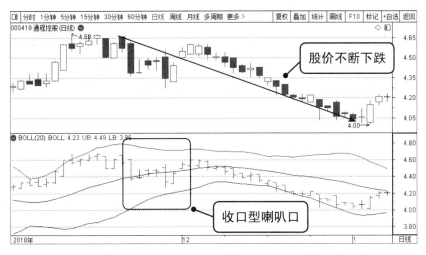

图 7-23 通程控股 2018 年 11 月至 2019 年 1 月的 K 线走势

由图中可知，通程控股的股价在 2018 年 11 月下旬创出阶段性高位，同期的 BOLL 指标的 3 条轨道线也处于发散期。之后股价开始高位震荡下行，同期的 BOLL 指标的 3 条轨道线开始收缩，形成收口型喇叭口形态，形态完成后，对应的股价开始下跌。

对于投资者而言，股价处于阶段性高位，并且 BOLL 指标开始收缩形成收口型喇叭口形态，此时意味着股价将会在短期内开始一波回调下跌，投资者应及时出局，保存实力。

紧口型喇叭口是一种显示股价将长期小幅盘整筑底的形态，它形成于股价经过长期大幅下跌后，面临着长期调整的一种走势。布林线的上下轨线的逐步小幅靠拢，预示着多空双方的力量逐步处于平衡，股价将处于长期横盘整理的行情中。

紧口型喇叭口形态的形成条件和确认标准比较宽松，只要股价经过较

长时间的大幅下跌后，成交量极度萎缩，上下轨线之间的距离越来越小即可认定紧口型喇叭初步形成。当紧口型喇叭口出现后，投资者既可以观望等待，也可以少量建仓。

7.4 止损指标 SAR

SAR 指标是"Stop and Reveres"指标的简称，译为抛物线指标或停损转向操作点指标，也被称为抛物线指标，它是由美国技术分析大师威尔斯－威尔德（WellsWilder）所创造的，该指标是一种简单易学，比较准确的中短期技术分析工具。

NO.088 SAR 定义

抛物线指标也称为停损点转向指标，这种指标与移动平均线的原理颇为相似，属于价格与时间并重的分析工具。由于组成 SAR 的点以弧形的方式移动，故称"抛物转向"，以红黑圈表现于 K 线图上。股价位于 SAR 之上，则以红圈表示上涨；当股价位于 SAR 之下，则以黑圈表示下跌，如图 7–24 所示。

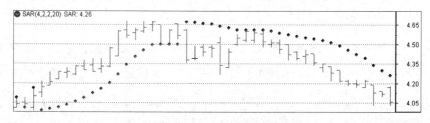

图 7-24 SAR 指标基本形态

SAR 指标有以下两种含义。

◆ 一是有停损、止损之意。投资者在交易前总要设定一个止损位，以为万全之策。这个止损位不是一成不变，而是随着价格波动，止损位不断上下调整，止损幅度一般控制8％左右。如果止损位幅度过小，实战价值很低，股价稍微调整就会卖出，错过上涨的利润；止损位幅度过大没有实战意义，不能控制风险。SAR指标能解决止损幅度的问题。

◆ 二是有反转和反向操作的意思。投资者入市后可以依据SAR指标设定止损位，当价格达到止损点位时，投资者不仅应该对前期仓位进行平仓，在平仓的同时进行反向操作，以谋求风险的最小化和利润的最大化。

投资者可以按照股价向上突破SAR指标作为买入信号，股价向下跌破SAR指标作为卖出信号，同时还要拥有攻击和防御的双重功能。

NO.089 SAR 指标的原理

SAR指标的本意是为了避免投资者过分贪心而设置的一种技术指标。基本思想就是股价到了某种情况，就必须买入或卖出，不能继续观望，而期待更低或更高的价格。

停损点的设置应该符合以下两个要求。

◆ 随着股价的上升，每天的停损点也应该相应地抬高，每天都根据情况的不同，计算出一个新的停损点。

◆ 停损点被跌破后，股价应该继续下跌，至少不会很快恢复到原来的高点。SAR的实质就是多空立场的转变构成，当股价在停损点之上时投资者持股不卖，当股价跌破停损点之后，投资者卖出股票。

由于SAR指标简单易懂、操作方便、稳重可靠等优势，因此，SAR指标又称为"傻瓜"指标，被广大投资者特别是中小散户普遍运用。SAR指标的一般研判标准包括以下 4 个方面。

◆ 当股价从 SAR 曲线下方开始向上突破 SAR 曲线时，为买入信号，预示着股价一轮上升行情可能展开，投资者应及时买进股票。

◆ 当股价向上突破 SAR 曲线后继续向上运动，而 SAR 曲线也同时向上运动时，表明股价的上涨趋势已经形成，SAR 曲线对股价构成强劲的支撑，投资者应坚决持股待涨或逢低加码买进股票。

◆ 当股价从 SAR 曲线上方开始向下突破 SAR 曲线时，为卖出信号，预示着股价一轮下跌行情可能展开，投资者应及时卖出股票。

◆ 当股价向下突破 SAR 曲线后继续向下运动，而 SAR 曲线也同时向下运动时，表明股价的下跌趋势已经形成，SAR 曲线对股价构成巨大的压力，投资者应坚决持币观望或逢高出局。

实例分析

东旭光电（000413）股价向上突破 SAR 指标，后市看涨

如图 7-25 所示为东旭光电 2019 年 1 月至 3 月的 K 线走势。

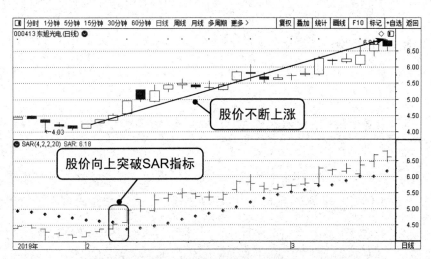

图 7-25 东旭光电 2019 年 1 月至 3 月的 K 线走势

由图中可知，东旭光电的股价在 2 月上旬自下而上突破 SAR 指标，并维持在指标之上不断运行，对应该阶段的股价也保持上涨走势，投资者应在股价突破之后介入持有，短期内会获得不错的收益。

NO.090 SAR 的运用技巧

对于 SAR 指标来说，股价突破 SAR 指标就是买卖信号，价格向上突破 SAR 发出买进信号，向下突破 SAR 发出卖出信号，这是所有技术指标实际操作最简单的应用法则。

SAR 指标给出了明确的做多和做空建议和相应的止损位，长期使用 SAR 指标操作，不可能造成重大亏损或长期套牢。

与其他技术指标相比，SAR 指标对于行情研判的意义具体表现在以下 3 个方面。

- ◆ **持币观望**：当股价被 SAR 指标压制在其下方并一直向下运动时，投资者可一路持币观望，直到股价向上突破 SAR 指标的压力并发出明确的买入信号时，才可考虑是否买入股票。

- ◆ **持股待涨**：当股价在 SAR 指标上方并依托 SAR 指标一直向上运动时，投资者可一路持股待涨，直到股价向下突破 SAR 指标的支撑并发出明确的卖出信号时，才去考虑是否卖出股票。

- ◆ **明确止损**：指标具有极为明确的止损功能，其止损又分为买入止损和卖出止损。买入止损是指当 SAR 发出明确的买入信号时，不管投资者以前是在什么价位卖出的股票，是否亏损，投资者都应及时买入股票，持股待涨。卖出止损是指当 SAR 指标发出明确的卖出信号时，不管投资者以前是在什么价位买入股票，是否盈利，投资者都应及时卖出股票，持币观望。

从零开始
学股市技术分析大全

第 8 章

跟庄识庄，大树底下好乘凉

庄家区别于散户，他是指资金量较大的投资者，并且该投资者的操作行为会对股价的走势产生较大的影响。在进行投资分析时，分析庄家的行为也是很重要的过程。

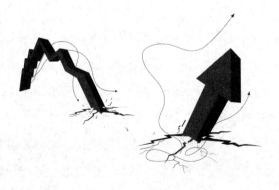

8.1 怎样识别潜力庄股

在股市中，倍受青睐的无疑是庄股。作为一名投资者，如果能够持有一只具备上升潜力的庄股，未来将会获利丰厚。下面就介绍一些如何识别庄家的知识。

NO.091 了解庄家如何操盘

在股市中，个股轮炒是一种常见的现象，如果投资者发现了庄家的踪迹，获利会非常丰厚。

一般来讲，被庄家看中的股票通常是投资者不太注意的股票，在低位横盘已久，如同进入冬眠一样，但恰恰是这类股票，一旦启动，便会爆发出大幅飙升行情。任何一个庄家的操作思路不外乎经历以下 5 个阶段。

◆ **第一个阶段，目标价位以下低吸筹码**：在这一阶段，庄家往往极耐心地、不动声色地收集低价位筹码，这部分筹码是庄家的仓底货，是庄家未来产生利润的源泉。这一阶段的成交量每日量极少，且变化不大，均匀分布。在吸筹阶段末期，成交量有所放大，但并不很大，股价呈现为不跌或即使下跌，也会很快被拉回，但上涨行情并不立刻到来。因此，此阶段散户投资者应观望为好，不要轻易杀入，以免资金闲置。

◆ **第二个阶段，试盘吸货与震仓打压并举阶段**：庄家在低位吸足了筹码之后，在大幅拉升之前，不会轻举妄动，庄家一般先要进行试盘，将股价小幅拉升数日，看看市场跟风盘多不多，持股者心态如何。随后，便是持续数日的打压，震出意志不稳的浮筹，为即将开始的大幅拉升扫清障碍。否则，一旦这些浮筹在庄家大幅拉升中途抛货砸盘，庄家就要付出更多的拉升成本，这是庄家绝对不能容忍的。因此，打压震仓不可避免。在庄家打压震仓末期，成交量呈递减状况且比前几日急剧萎缩，表明持股者心态稳定，看好后市，普遍有惜售心理。

◆ **第三个阶段，大幅拉升阶段：**这一阶段初期的典型特征是成交量稳步放大，股价稳步攀升。这一阶段中后期的典型特征是，伴随着一系列的洗盘之后，股价上涨幅度越来越大，上升角度越来越陡，成交量越放越大。当个股的交易温度炽热，成交量大得惊人之时，大幅拉升阶段也就快结束了。因此，此阶段后期的交易策略是坚决不进货，如果持筹在手，则应时刻伺机出货。

◆ **第四个阶段，洗盘阶段：**洗盘伴随着大幅拉升进行，每当股价上一个台阶之后，庄家一般都要进行洗盘。此阶段的交易策略应灵活掌握，如是短暂洗盘，投资者可持股不动，如发现庄家进行高位旗形整理洗盘，则洗盘过程一般要持续 11 ～ 14 个交易日左右，投资者则最好先逢高出货，洗盘快结束时，再逢低进场不迟。

◆ **第五个阶段，抛货离场阶段：**此阶段买盘虽仍旺盛，但已露疲弱之态，成交量连日放大，显示庄家已在派发离场。因此，此时果断出仓，就成为投资者离场的最佳时机。

NO.092 用换手率识别庄股

换手率是指单位时间内某只个股累计成交量与可交易量之间的比率，其数值越大，说明交投越活跃，投资者之间换手越频繁。

换手率高的股票表明资金进入量相对较多，属热门股；反之，换手率低的股票资金进入量相对少，属冷门股。

换手率的高低是一个相对的数值，在不同时期内其标准是不同的，如果某阶段内股票的换手率一直为 1% 以下，在某个交易日超过了 1%，则也认为换手率相对较高。

一般来讲，换手率高的情况大致分为 3 种。

◆ 股价处于相对高位成交量突然放大，此时换手率高，表示主力派发的意愿很明显。

◆ 新股在上市之初一般换手率也较高。

◆ 股价处于低位，出现较高换手率，表示庄家大量吸筹，新资金介入的迹象较为明显，未来的上涨空间相对较大。

实例分析

中国宝安（000009）低位出现高换手率，庄家吸筹

如图 8-1 所示为中国宝安 2018 年 7 月至 12 月的 K 线走势。

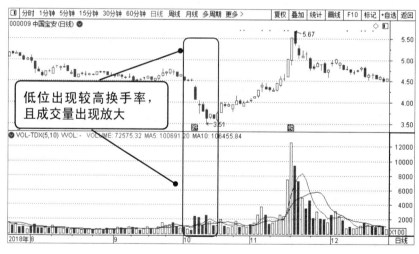

图 8-1 中国宝安 2018 年 7 月至 12 月的 K 线走势

由图中可知，中国宝安的股价在 2018 年 7 月有一波下跌，在 8 月至 9 月，股价处于低位盘整走势，股价保持在 4.50 元附近横盘，成交量也表现萎靡，呈现量缩价平的形态。

来看一下量缩价平这阶段任意 3 个交易日内的换手率情况，如图 8-2 所示。

开盘价	4.71		开盘价	4.62		开盘价	4.50
最高价	4.71		最高价	4.68		最高价	4.55
最低价	4.61		最低价	4.61		最低价	4.47
收盘价	4.62		收盘价	4.62		收盘价	4.52
成交量	69997		成交量	55969		成交量	60291
成交额	3267万		成交额	2597万		成交额	2718万
涨跌	-0.06		涨跌	0.00		涨跌	0.03
涨幅	-1.28%		涨幅	0.00%		涨幅	0.67%
振幅	2.14%		振幅	1.52%		振幅	1.78%
换手率	0.33%		换手率	0.26%		换手率	0.28%
总股本	21.5亿		总股本	21.5亿		总股本	21.5亿
流通股	21.2亿		流通股	21.2亿		流通股	21.2亿

图 8-2 中国宝安 8 月 30 日、8 月 31 日、9 月 11 日的盘内换手率

由图中可知，中国宝安的换手率在 9 月前后都是属于低迷的状态，在 0.30% 附近徘徊，显示盘内成交极度萎靡，并且这种情况维持了近 2 个月。

在 9 月底 10 月初，股价遭受到大幅打压，跌破了横盘的低位支撑位，成交量也出现小幅放大。来看一下这阶段的换手率情况，如图 8-3 所示为中国宝安 2018 年 10 月 11 日至 10 月 16 日的盘内换手率情况。

开盘价	4.35		开盘价	3.95		开盘价	3.96		开盘价	3.83
最高价	4.39		最高价	4.04		最高价	4.01		最高价	3.86
最低价	4.06		最低价	3.73		最低价	3.78		最低价	3.51
收盘价	4.06		收盘价	3.93		收盘价	3.78		收盘价	3.62
成交量	236605		成交量	227735		成交量	124367		成交量	255705
成交额	9847万		成交额	8895万		成交额	4848万		成交额	9347万
涨跌	-0.45		涨跌	-0.13		涨跌	-0.15		涨跌	-0.16
涨幅	-9.98%		涨幅	-3.20%		涨幅	-3.82%		涨幅	-4.23%
振幅	7.32%		振幅	7.64%		振幅	5.85%		振幅	9.26%
换手率	1.12%		换手率	1.07%		换手率	0.59%		换手率	1.21%
总股本	21.5亿		总股本	21.5亿		总股本	21.5亿		总股本	21.5亿
流通股	21.2亿		流通股	21.2亿		流通股	21.2亿		流通股	21.2亿

图 8-3 中国宝安 2018 年 10 月 11 日至 10 月 16 日的盘内换手率

由图中可知，在股价被打压下跌的几个交易日中，中国宝安的盘内换手率虽然不算巨量，但是相对于前段时间的低迷而言，已经有了明显增大，说明此时盘内的成交开始活跃。

再来对比一下该阶段和之前量缩价平阶段的盘内成交统计，如图 8-4 所示为中国宝安量缩价平阶段的盘内成交统计情况。

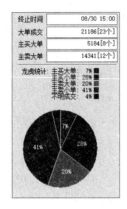
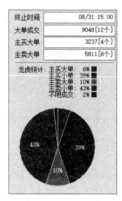
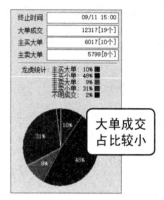

图8-4 中国宝安8月30日、8月31日和9月11日的盘内成交统计

由图中可知，中国宝安在该阶段内的成交量大单占比并不大，这3个交易日中，大单占比最大的是8月30日的卖出大单，占比20%，其他均为小单成交占主要比重。

来看一下中国宝安2018年10月11日至10月16日的盘内成交统计情况，如图8-5所示。

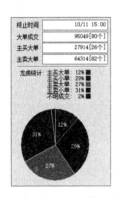
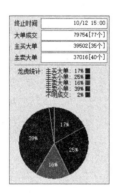
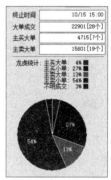
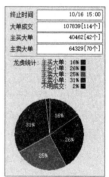

图8-5 中国宝安2018年10月11日至10月16日的盘内成交统计情况

由图中可知，中国宝安在2018年10月11日至10月16日的盘内成交统计中，大单成交的占比明显扩大，显示盘内成交开始活跃，有资金开始注入，并且在低位横盘近两个月时间后，突然股价遭受到较大打击，明显下跌，而在低位却出现较多的大单买入现象，此时有理由认为是庄家在打压吸筹。

从后面的 K 线图走势来看，在经历了打压下跌之后，股价开始一路小涨，表明此时确实是庄家的吸筹行为，投资者在意识到该行为时，可以进行观望，待股价出现明显涨幅时再行介入，短期内便可获得收益。

8.2 庄家建仓的运作方式

一般而言，庄家建仓都会有一定的路径和方式可循，下面给大家介绍几种常见的庄家建仓的运作方式。

NO.093 横盘式建仓

横盘式建仓是主力比较喜欢用的手法，当股价下跌到底部后，会有一个时间段的盘整，股价的上下震荡在 30% 区间，主力在这一阶段进行建仓，我们称之为横盘式建仓，如图 8-6 所示。

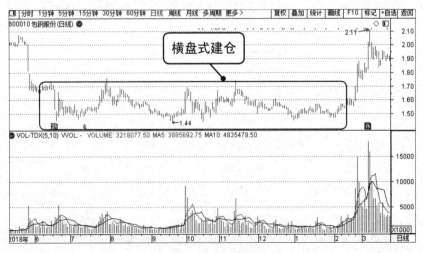

图 8-6 横盘式建仓

主力最喜欢使用这种横盘式建仓，背后主要有两个原因，具体如下。

◆ **第 1 个原因**：涨跌幅空间小，容易跟散户在底部买到低价股票。主力采取这种横盘式建仓，大多数交易日涨跌幅小，基本是 5% 以内，超短线爱好者不喜欢持有这样涨跌幅空间小的股票，所以宁愿选择卖给主力，再去选择其他涨幅大的股票操作，盈利会更好，这样主力也很容易就买到足够的股票，完成建仓任务。

◆ **第 2 个原因**：时间较长容易得到持股。主力在底部横盘式建仓，耗费时间基本是 1 ～ 3 个月，或者更长。对于已经买到这种股票的短线投资者而言，根本熬不了那么久，拿不住股票，很快就卖给主力。

一般而言，采用横盘式的建仓方式，有一个比较明显的特征是，即使价格在低位，但是盘内的成交统计仍然有大单买入成交。但是股价何时启动，则需要等待。

实例分析

日照港（600017）庄家低位吸筹，横盘式建仓

如图 8-7 所示为日照港 2018 年 8 月至 2019 年 4 月的 K 线走势。

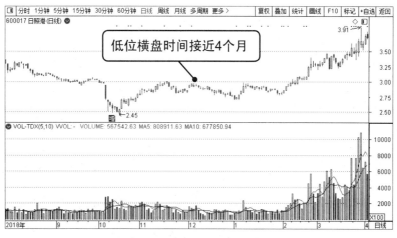

图 8-7 日照港 2018 年 8 月至 2019 年 4 月的 K 线走势

由图中可知，日照港的股价在2018年8月至10月初一直处于下跌状态，在10月19日创出阶段性低价2.45元之后，股价开始在低位横盘，并且该横盘走势持续时间接近4个月。

从K线图中可以看出，股价在2019年2月开始出现比较明显的涨幅，根据此时可以判断出庄家已经吸筹完毕，开始拉升，因此庄家吸筹的过程就是在前期的低位横盘阶段，为横盘式建仓。

来看一下在低位横盘阶段任意两个交易日的成交统计情况，截取横盘期初的2018年11月12日与横盘期中的2019年1月8日，如图8-8所示为日照港在这两日的盘内成交统计情况。

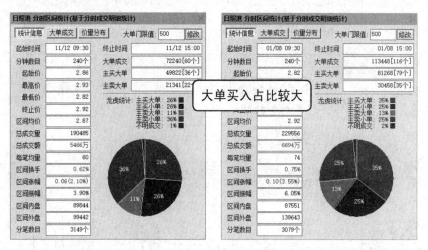

图8-8 日照港2018年11月12日与2019年1月8日的盘内成交统计

由图中可知，日照港在横盘初期的2018年11月12日与横盘中后期的2019年1月8日，两个交易日内的大单成交占比均较大，尤其是在横盘中后期的2019年1月8日，大单成交占比达到35%。

在股价处于低位区，仍出现大量的大单买入成交，可见庄家采用的是横盘式的建仓策略，在低价位区一直在吸筹，等到吸筹结束，便是股价启动的时候。

在这样的市场环境下，建议投资者在股价正式启动的时候介入，这样可以极大地减少资金被占用。

NO.094 缓升式建仓

缓升式建仓又被叫作边拉升边建仓，或者台阶式建仓。建仓成本比横盘建仓要高，因为主力错过了横盘期的低位。

该种建仓方式的主要特点是：股价在小幅拉高后，会出现休整滞涨，甚至小幅回调的走势。而此时，散户要忍受浮盈变薄，利润回吐的痛苦，主力利用这种前进三两步，后退一两步的方式洗掉那些意志不坚定的散户，从而吸收大量的筹码，如图 8-9 所示。

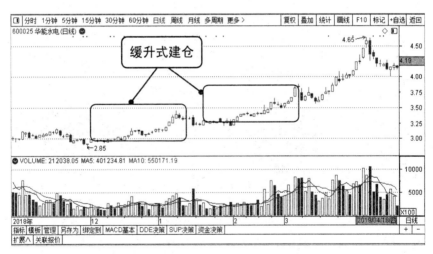

图 8-9 缓升式建仓

对于缓升式建仓，一般投资者的操作策略建议如下。

◆ 如果投资者已介入持股，并且有一定的浮盈，可以进行移动止盈，锁住利润，例如目前浮盈 20%，则可以将止损位设在 15% 附近，或者先行平仓 2/3，留有 1/3 的仓位观望后期走势。

◆ 如果是在趋势确认后的启动阶段，投资者的仓位可以重一点，越是
后来才进场的投资者，仓位就越应该低一些。

◆ 对于拉升途中的幅度较大的回调，建议投资者使用技术指标来进行
判断，以均线为例，如果K线下穿10日均线，投资者便可获利了结，
然后观望当前是回撤还是反转，等止跌企稳并逐步上升时，再重新
进入。

NO.095 缓跌式建仓

缓跌式建仓又称为压制式建仓，是指主力在对股价的小幅压制中进行
吸筹建仓的方式，如图8-10所示。

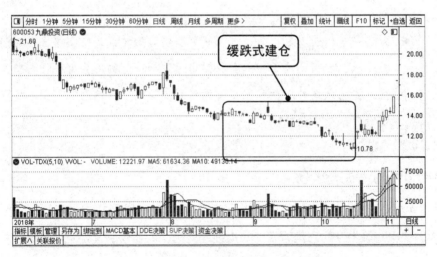

图 8-10 缓跌式建仓

每次洗盘后的波谷一般不会比前期低很多，通常是齐平相当，前面的
缓升式建仓是休整滞涨，或小幅回踩，这一点和缓升式建仓有很大的区别，
所以缓跌式建仓对主力的操盘能力要求较高，资金要求也较高。

既然难度这么大，风险这么高，为什么主力还要狙击呢？因为它是潜
力股，被少数散户肯定的潜力股，后期的上涨空间非常大，所以股价已有

一定的上升，尽管如此，主力还是大胆一试，所以要压制那些有先知的散户，把他们的筹码掠夺过去，从而完成建仓。

那么，如何来判断该只股票是否是潜力股呢？这样的股票有什么样的操作策略呢？介绍如下。

- 判断是否是潜力股，需要研究该股的基本面、当前的价位处于历史中的什么水平。主力一定是狙击那些有大幅上涨空间的潜力股，最好是低价股，这样资金压力要求不高。

- 在主力洗盘期间，投资者最好观望，因为主升浪还没开始。

- 最佳买点是在主力最后一次洗盘的下跌底部，但是这个买点比较难把握，因此建议投资者在股价上涨突破压力线并得到确认后跟进，这个点把控起来比较容易。

- 对于中长线交易者而言，可以在每次洗盘的尾声，在支撑位附近逐渐买入，积累筹码。一般而言，主力这样洗盘的次数也不会太多，除非主力也需要时间积蓄足够的筹码，但这样对他的时间成本要求高和不确定风险较大。

NO.096 拉高式建仓

拉高建仓方式大多应用于冷门股或长期下跌的股票，庄家建仓时，股价呈现出略微上升的态势，整个升势过程就是庄家建仓的过程。

庄家开始介入该股时，就会吸入大量的筹码，基本上达到目标仓位的70%以上后，然后逐步补足筹码。随着股价的上升，庄家逐渐减少吸筹的数量，直至最后吸足筹码。庄家介入该股之后，会把股价迅速拉高，有些庄家甚至不惜以涨停的方式进行逼空建仓。

运用这种手法建仓，庄家的实力一般都比较雄厚，操作手法也非常凶悍。庄家以这种方式建仓，要求对股价底部判断绝对准确，否则就会身陷其中，无法自拔。

采用拉高方式建仓，在庄家建仓阶段，股价涨幅并不小，但同时震幅也比较大。庄家在拉高建仓过程中，往往会避开短线散户的视线，使短线投机者在涨幅榜上很难找到它。

在建仓阶段，股价拉高后，横盘的时间一般也比较长，以便庄家在横盘阶段能吃进更多的筹码。经过一段时间的拉高，股价有了一定的涨幅，技术指标也到高位了，投资者就会不看好该股，此时正是庄家洗出获利筹码的好机会。如图 8-11 所示为拉高式建仓的图形。

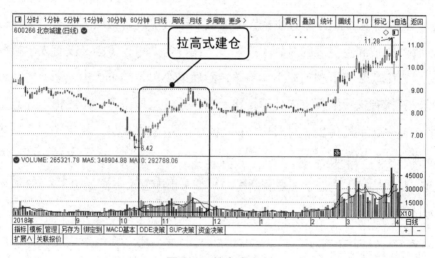

图 8-11 拉高式建仓

庄家之所以这么没有耐心和散户玩时间换空间的游戏，就是要赢得时间。其原因往往是该股背后蕴藏着重大题材，一旦公布将直接导致股价大幅上升，时间较为仓促，来不及于低位吸筹或出于严格的保密需要，担心其他资金在低位抢筹码，提前打市场的"突袭战"。

从逻辑上说，既然庄家肯出高价急速建仓，表明股价未来应该有极大的涨幅。拉高建仓事实上反映了庄家急于吸货的迫切心态，如果将来没有极大的上升空间，庄家又怎么可能把大量的资金投入其中呢？

因为庄家速战速决的操作风格，对于投资者而言，此时尽量选择短线操作，不可因为目前的涨势便认为中长期内都可持有，因为庄家既然采用这样的吸筹方式，那么后期出货也会比较快速，投资者要谨防被高位套牢。

NO.097 打压式建仓

庄家为了抢夺散户手中的廉价筹码，采用的方法多种多样，其中"打压"是非常重要的一个环节。庄家先大力打压股价，打得多方落花流水，最终迫使散户不得不将手中的持股低价处理掉。

通常庄家的这种"打压式"吸筹会用于大盘或者板块人气非常低迷，或者个股被利空侵袭的时候。在恐慌情绪非常严重，下档又没有人承接的时候，庄家会在下档预埋下大单子，然后以小单子向下卖出，逼迫关注该股或者持有该股的投资者处于价格不断下跌的高压下，看着股价一点点下滑，不由自主地生出一种卖出去的冲动，最终割肉离场。其实庄家最终还是将大多数的筹码卖给了自己，顺便向下打压了股价，而大多数股民在严重的悲观情绪下失去了理智和判断力，结果正中庄家下怀。如图8-12所示为打压式建仓的图形。

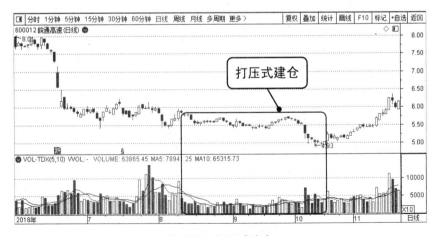

图 8-12 打压式建仓

一般来说，庄家打压吸筹的方式有以下几种情况。

◆ 利用大盘调整之际，不断打压股价进行吸筹。庄家在大盘调整之际，对在下跌中的个股进行打压，使股价跌得更狠，以此对持股者达到恐吓作用，从而很容易就能抢夺到低价筹码。

◆ 利用市场或者个股被利空消息侵袭的时机，趁机打压股价进行吸筹，扩大利空效应。很多时候，股价的下跌往往和市场或者个股的利空消息有着非常直接的关系。庄家通常会充分利用这一关系，迫使获利盘吐出筹码，以便低价回收这些便宜货。

◆ 利用大盘及个股跌破重要技术支撑位来吸筹。通常来说，一旦大盘以及个股跌破重要的技术支撑位，就会比较容易引起股民的恐慌性抛售，这也是庄家经常用的打压股价吸筹的招数。这些关键的重要支撑位包括以下几种：①均线系统支撑位；②技术指标支撑位；③大型缺口下边缘线；④上升或者下跌趋势线的支撑线；⑤前期密集成交形成的支撑区。庄家资金操控股价对这些重要支撑位的瞬间击穿，会彻底击溃股民最后的心理底线，认为后市即将开始大幅下跌，大量抛售现象接踵而至。

股民如果碰到庄家的打压，一定要保持头脑冷静，仔细分析当前的局势，只要手中的持股是在低位收集的，那么就没有丝毫害怕的理由，千万不要因为庄家营造的假象就将手中的筹码拱手送给庄家。

NO.098 拉锯式建仓

采用拉锯方式建仓的庄家，手法都是比较凶悍的，在庄家的操控下，股价经常会大起大落。

有的时候，庄家会不计成本地快速吃进筹码，或者是快速打压股价，使得股价呈现出快涨快跌的走势，让投资者有种坐电梯的感觉。

由于采用这种方式建仓的庄家实力都很强大，能在很短的时间内把股价拉上去，在散户还没来得及反应时，又把股价重重地砸下来，如图 8-13 所示，大多数散户经不住庄家的这种折腾，只好离场而去，把筹码送给庄家。

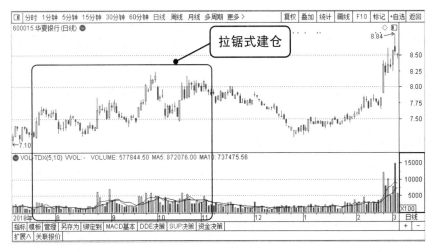

图 8-13　拉锯式建仓

需要注意的是，庄家采用这种运作方式建仓，在拉高和打压股价时都是比较迅速的。有的时候，在下跌过程中，庄家会特意采用对倒的手法来放量，让投资者误认为是庄家出货导致的放量。

庄家采用拉锯方式建仓时，选择的目标个股大部分都是股价处于底部区域，或者是处于相对低位的个股。

庄家开始建仓之后，就会造成股价大幅度的上下波动，并且在盘面上可以看到股价会反复走出这种震荡的形态。

从整个 K 线图上的走势来看，股价在建仓过程中会呈现出一波接着一波大幅度的反复震荡走势。但是在震荡过程中，股价重心不断地向上移动的，并且每次震荡的低点都要高于前一次的低点。同样，每次向上震荡的高点也要高于前一次震荡的高点。

此外，如果股价是运行在近几年的高位，出现这种拉锯式的形态时，庄家很有可能是在出货而不是在建仓，投资者一定要注意这点。

8.3 如何计算庄家的持仓情况

庄家坐庄，与生意人做生意一样，需要计算其营业收入、营业成本等，因此计算庄家的持仓情况，是股市制胜的一个要点。下面来介绍如何估算庄家的持仓量与持仓成本。

NO.099 持仓量的估算

在股市交易中，每天的成交笔数、每笔成交量都会产生很多数据，这包括各类股民交易的数据，所以无法明显地区分出哪些是庄家的成交量，哪些是散户的成交量。

要想非常精确地计算出庄家的持仓量是不可能完成的任务。散户只能根据不同的阶段和不同的交易时间，用基本合理的方法大致估算庄家的持仓量。

（1）根据成交量估算庄家持仓量

将股票在庄家建仓开始至拉升之前的成交量进行累加，然后分别乘以30%和50%，即可得到庄家持仓量，大概在这两个值之间。

实例分析

根据成交量预估庄家的持仓量

某只股票经过一段时间的下跌进入低位的横盘整理阶段，从K线图中可以初步判断有庄家介入的迹象（在横盘期间的成交量较少，有几天的误差对最终结果影响不大），从吸筹开始到股价正式启动，累计成交量为1000万股，将该成交量分别乘以30%和50%，得到300万和500万两个值。

据此，可以估计出庄家这段时期的吸筹量在300～500万股之间，不考虑庄家在之前可能有的持仓量，将该值作为庄家的大概持仓量。

（2）利用换手率估算庄家持仓量

利用换手率来计算庄家的持仓量，需要运用到公式：预估持仓量 = 流通盘×（个股换手率－同期大盘换手率）×（30%或50%），这也是一个预估的区间值。

实例分析

根据换手率预估庄家的持仓量

某股流通盘为1000万股，2018年下半年该股连续70个交易日的换手率为320%，同期大盘的换手率为220%，据此可以算出：

1000×（320%−220%）×30%=300万股

1000×（320%−220%）×50%=500万股

据此计算，庄家的持仓量在300万～500万股之间。

按上述方法计算庄家持仓量时，选择的建仓周期不能太短。一般而言，60~120个交易日是最好的，最短也不能低于20个交易日，因为庄家坐庄吸筹的时间一般不会少于20个交易日。

NO.100 测算庄家的持股成本

与估算庄家的持仓量类似，我们是不可能精确地计算出庄家实际持仓成本的，只能根据盘面交易数据得出估算数，下面介绍3种方法来进行估算。

（1）利用平均值估算持仓成本

首先确定庄家吸筹的期间，然后找出这个区间内的最低价、最高价和中间价，求这3个值的均值，得到的就是庄家持仓成本的估算值。这里的中间价通常是取吸筹阶段成交密集区域的股价。

计算公式为：庄家持仓成本 =（最低价 + 最高价 + 中间价）÷3

实例分析
估算庄家的持仓成本

某股在吸筹期间的最高价为5.00元，最低价为3.00元，还需确定一个中间价，我们选取成交量较大的3个交易日的收盘价：4.00元、3.00元和5.00元，计算得出其均价为4.00元，则庄家的持仓成本为：

持仓成本 =（3.00+4.00+5.00）/3=4.00元

（2）利用换手率估算持仓成本

首先计算每日的换手率，直到统计结果达到100%，这个时候的市场均价就是庄家持仓的成本区。对新股而言，一般来说庄家会选择在其上市首日就大举介入，所以可以将上市首日的均价或者上市第一周的均价作为庄家的成本区。

（3）用平均价估算持仓成本

如果庄家通过长期低位横盘来吸筹的方式，那么庄家的持仓成本大概就是该股底部区的最高价以及最低价的平均值。如果庄家是通过拉高吸筹的方式来建仓，那么持仓成本就比这个平均价还要高。

一般而言，中线庄家建仓时间为8~12周，平均值就是10周，周K线图上，10周的均价线即可认为是庄家的成本区，虽然说这种方法有一定的误差，但偏差不会超过10%。

8.4 庄家出货盘面

对庄家而言，在筑底拉升完成之后，为了炒作盈利，最后一步便是出货。下面介绍庄家出货的一些比较典型的出货表现。

NO.101 拉高出货

拉高出货又称诱多出货，是主力较为隐蔽的一种出货方式，采用这种出货方式的股票一般为强庄股。

拉高出货的特点是股价前期都有过不小的涨幅或者说是经过一波拉升，在接近阶段性顶部时股价快速拉升，同时量能较前期拉升时有明显放大或经过前期大幅拉升后股价作平台整理，但平台整理时量能并没有缩小，然后再度拉升，但量能较前期拉升时有明显放大但股价却没有相应的涨幅。如图 8-14 所示为拉高出货的图形。

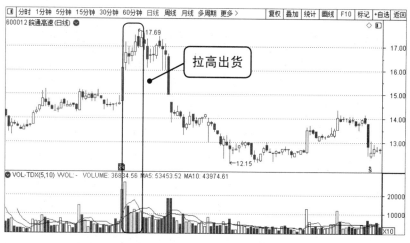

图 8-14 拉高诱多的出货形态

如果个股走势出现这种情况，投资者一定要提高警惕，严密跟踪，因为此时主力随时都可能完成出货。

NO.102 震荡出货

震荡出货是指在股价高位区反复制造震荡，让散户投资者误认为只是高位整理，后市仍有继续上涨的可能。由于波动区间有限，不至于引起持股人心态不稳。

震荡出货的方式包括高位平台震荡出货、高位横盘震荡出货等几种形式，其共同特点都是放量滞涨，即成交量出现放大而股价却出现滞涨的形态或成交量大幅放大，股价虽创出了新高但涨幅较小的形态。

如果在股价高位出现这样的量价形态，投资者们就需要谨慎，因为庄家很可能在此处出货。

实例分析

日照港（600017）高位放量滞涨，庄家震荡出货

如图 8-15 所示为日照港 2018 年 3 月至 7 月的 K 线走势。

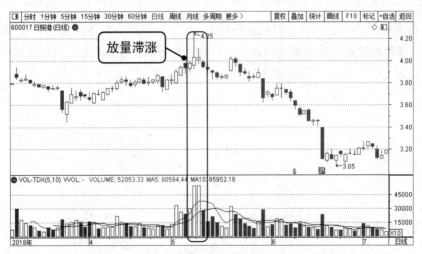

图 8-15 日照港 2018 年 3 月至 7 月的 K 线走势

由图中可知，日照港的股价在 2018 年 5 月上旬已经上涨至阶段性高位，

在 5 月 9 日和 5 月 10 日，该股出现放量滞涨的量价形态。来看一下这两日的盘内走势，如图 8-16 所示。

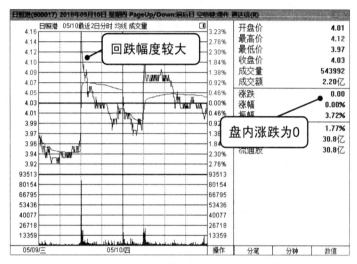

图 8-16 日照港 2018 年 5 月 9 日和 5 月 10 日的分时图

由图中可知，日照港在 2018 年 5 月 9 日和 5 月 10 日的盘内成交量出线了放量，但是两个交易日的涨跌数为 0，可见此时盘内的量能并非上涨的量能，在阶段性高位出现放量滞涨，庄家出货意图明显，投资者需要谨慎操作。为安全起见，应尽快出局保存实力。

读 者 意 见 反 馈 表

亲爱的读者：

感谢您对中国铁道出版社有限公司的支持，您的建议是我们不断改进工作的信息来源，您的需求是我们不断开拓创新的基础。为了更好地服务读者，出版更多的精品图书，希望您能在百忙之中抽出时间填写这份意见反馈表发给我们。随书纸制表格请在填好后剪下寄到：北京市西城区右安门西街8号中国铁道出版社有限公司大众出版中心 张亚慧 收（邮编：100054）。或者采用传真（010-63549458）方式发送。此外，读者也可以直接通过电子邮件把意见反馈给我们，E-mail地址是：lampard@vip.163.com。我们将选出意见中肯的热心读者，赠送本社的其他图书作为奖励。同时，我们将充分考虑您的意见和建议，并尽可能地给您满意的答复。谢谢！

所购书名：_____

个人资料：

姓名：_____ 性别：_____ 年龄：_____ 文化程度：_____

职业：_____ 电话：_____ E-mail：_____

通信地址：_____ 邮编：_____

您是如何得知本书的：

□书店宣传 □网络宣传 □展会促销 □出版社图书目录 □老师指定 □杂志、报纸等的介绍 □别人推荐
□其他（请指明）

您从何处得到本书的：

□书店 □邮购 □商场、超市等卖场 □图书销售的网站 □培训学校 □其他

影响您购买本书的因素（可多选）：

□内容实用 □价格合理 □装帧设计精美 □带多媒体教学光盘 □优惠促销 □书评广告 □出版社知名度
□作者名气 □工作、生活和学习的需要 □其他

您对本书封面设计的满意程度：

□很满意 □比较满意 □一般 □不满意 □改进建议

您对本书的总体满意程度：

从文字的角度 □很满意 □比较满意 □一般 □不满意
从技术的角度 □很满意 □比较满意 □一般 □不满意

您希望书中图的比例是多少：

□少量的图片辅以大量的文字 □图文比例相当 □大量的图片辅以少量的文字

您希望本书的定价是多少：

本书最令您满意的是：

1.
2.

您在使用本书时遇到哪些困难：

1.
2.

您希望本书在哪些方面进行改进：

1.
2.

您需要购买哪些方面的图书？对我社现有图书有什么好的建议？

您更喜欢阅读哪些类型和层次的理财类书籍（可多选）？

□入门类 □精通类 □综合类 □问答类 □图解类 □查询手册类

您在学习计算机的过程中有什么困难？

您的其他要求：